Rupert Lay

Vom Sinn des Lebens

Rupert Lay

Vom Sinn
des Lebens

mvg verlag

Die Deutsche Bibliothek – CIP-Einheitsaufnahme

Lay, Rupert:
Vom Sinn des Lebens / Rupert Lay. – München ; Landsberg am
Lech : mvg-verl., 1992
  (Business-Training ; 1135)
  ISBN 3-478-81135-X
NE: GT

Titel der im Wirtschaftsverlag Langen Müller/Herbig erschienenen Origi-
nalausgabe: „Vom Sinn des Lebens"
© 1985 by Wirtschaftsverlag Langen Müller/Herbig in F. A. Herbig Ver-
lagsbuchhandlung GmbH, München

Umschlaggestaltung: Gruber & König, Augsburg
Druck- und Bindearbeiten: Presse-Druck Augsburg
Printed in Germany 081 135/692602
ISBN 3-478-81135-X

Inhalt

I.
Einführung

Sind Sie ein glücklicher und mit sich und der Welt zufriedener Mensch, sollten Sie dieses Buch nicht lesen, es sei denn, Sie interessieren sich für Menschen, die nicht schon glücklich sind, sondern es erst werden wollen, oder Sie sind der Ansicht, daß Glücklichsein ein Prozeß ist, der uns immer wieder fordert und kein einmal erreichter und dann immerwährender Zustand.

Dieses Buch ist geschrieben für Menschen, die sich selbst und ihr Leben besser verstehen möchten. Verstandenhaben ist aber kein stabiler Zustand. Jedes Verstehen öffnet neue Fragen, führt zum Weitergehen, kommt nie ans Ende. Jedes Verstehen erfährt zugleich auch einen unverständlichen Rest.

Sinn hat das, was man verstanden hat. Ihr Leben hat Sinn, wenn Sie Ihr Leben verstanden haben. Zugleich aber gibt das Verstandene neuen Sinn. Und so geht der Verstehensprozeß weiter: Verstehen – Sinnfindung – neues, tieferes Verstehen – neue, tiefere Sinnfindung ... Und das ohne Ende.

Wenn Sie dieses Buch nicht nur lesen, sondern auch praktisch machen, wird es Ihnen auf weite Strecken ein Wegbegleiter auf der abenteuerlichsten Expedition sein, die es gibt: der in die eigene Psyche. Das Buch stellt einige Wegweiser auf, damit Sie sich nicht schon bei den ersten Schritten verlaufen. Wenn Sie aber einmal tiefer in den Dschungel Ihrer Psyche eingedrungen sind, gibt es keine Wegweiser mehr. Sie werden sich allein zurechtfinden müssen. Sie werden erst wissen, ob Sie den richtigen Weg gegangen sind, wenn Sie am Ende des Weges angekommen sind. Aber einige Schritte können wir gemeinsam gehen.

Begegnungen

Auf dem Weg unseres Lebens, begegnen wir vielen Menschen, die ein Stück mit uns gemeinsam gehen. Manchmal sind es nur wenige Schritte, manchmal währt das Zusammen Tage, Wochen, Monate gar. Und wenn Sie viel Glück haben, begegnen Sie einem Menschen, mit dem Sie einige Jahre zusammen den Weg des Lebens gehen können. Für die meisten ist jedoch die Erfahrung einer letzten Einsamkeit die zentrale Wahrnehmung auf dem Weg. Zuletzt ist jeder Mensch einsam. Er muß seinen Weg, trotz jeder noch so beglückenden oder belastenden Begleitung für ein Stück, alleine gehen.

Die Begegnung mit anderen, die ein Stück des Weges mit uns teilen, ist mehr als eine Minderung der Einsamkeit für eine bestimmte Zeit. Jede Begegnung verändert uns selbst und den anderen Menschen. In jeder Begegnung mehrt oder mindert sich unser psychisches, emotionales, soziales Leben, unsere Lebensfähigkeit gar. Es gibt Begegnungen, die tödlich sind, die uns alltäglich ein kleines Stück mehr sterben, mehr verkümmern lassen. Es gibt aber auch Begegnungen, die uns Leben schenken, die uns befreien von den Fesseln, die sich um unsere Lebens- und Erlebnisfähigkeit gelegt haben.

Die meisten Begegnungen können wir uns nicht aussuchen. Sie sind uns geschickt, unser Geschick, unser Schicksal. Wir begegnen Menschen, die uns Orientierung schenken und solchen, die uns Orientierung nehmen. Und wir können oft genug nicht einmal entscheiden, welche Begegnungen fruchtbarer sind, denn es gibt eine Orientierung, die immer tiefer in Wüsten führt. Und es gibt eine Desorientierung, die aussichtslose Wege beendet, die falsche Wegweiser entlarvt, die Leben freisetzt.

Im Folgenden will ich Ihnen Ausschnitte aus einigen Begegnungen vorstellen, die mir geholfen haben, in der Sinnfrage klarer zu sehen. Doch bevor ich diese Menschen zu Wort kommen lasse, möchte ich mit Ihnen einige (vordergründig) theoretische Fragen bedenken, die für eine Verbesserung der Wahrnehmung von Begegnungen wichtig sind. Sollten Sie Begriffen begegnen, die Ihnen weniger geläufig sind, schlagen Sie bitte im Anhang nach: Hier werden einige zentrale Worte verdeutlicht.

Das Sich-Einlassen auf einen anderen Menschen ist ein Sich-Einlassen auf eine andere Welt. In jedem Menschen, auf den wir uns einlassen, begegnet uns etwas Fremdes, etwas Heiliges (im Sinne R. Ottos: Die andere Welt ist faszinierend und beängstigend zugleich). Im anderen begegnen wir einer psychischen und sozialen Welt, die von unserer abweicht. Andere, uns oft ganz fremde Lebenserfahrungen und Verarbeitungsweisen solcher Erfahrungen, führen zu anderen Reaktionen, zu Reaktionen, die uns vielleicht befremdlich scheinen oder gar fremd sind.

»Persönlichkeit« das meint die (meist strukturierte und mehr oder weniger konsistente) Menge aller Interaktionsangebote, zu denen ein Mensch in einer bestimmten emotionalen und sozialen Situation fähig ist und die Menge aller Interaktionsangebote anderer, auf die er sinnvoll (d.h. für den oder die anderen verständlich) in bestimmten emotionalen und sozialen Situationen reagieren kann.

Psychologisch gesehen ist Persönlichkeit Ergebnis einer Kompromißbildung, durch die ein Mensch versucht, sich selbst psychisch und sozial zu stabilisieren. Diese Kompromißbildung bleibt inhaltlich unbewußt. Weder wissen wir, was unsere Persönlichkeit definiert, noch wie sie zustande kommt. Es gibt sogar vernünftige Gründe anzunehmen, daß alles, was uns bewußt wird, im Dienste der Kompromißbildung steht – also die Aufgabe hat, uns psychisch und sozial, soweit das unter den konkreten psychischen und sozialen Umständen möglich ist, zu stabilisieren, etwa durch Sicherung unserer Selbstachtung. Dann wäre das Bewußtsein nichts anderes als ein Epiphänomen des Unbewußten, das im allgemeinen darauf aus ist, Unlust zu vermeiden (und, insofern möglich, Lust zu gewinnen).

Diesen Sachverhalt gilt es zu bedenken, wenn wir uns und anderen die Frage nach dem Sinn des Lebens stellen, wenn wir für uns und andere den Sinn des Lebens zu ergründen suchen – zumindest dann, wenn wir dies vernünftig tun wollen.

Es wäre eine arge Täuschung, wenn wir vermeinen, das »Vernünftig« beziehe sich auf eine Art vorgegebener Vernunft, die uns sagt, worin der Sinn des Lebens bestehe. Es gibt dagegen eine »Vernunft des Unbewußten«, die beim psychisch und sozial Gesunden, den Lebenssinn vernünftig ausmacht. Diese Vernunft des Unbewußten gehorcht dem Biophilie-Postulat, nach dem ein Mensch (oder auch ein Tier) sich selbst dann optimal einrichtet, wenn er sein eigenes psychisches, emotionales, soziales … Handeln so organisiert, daß es zu einer Erhaltung und Entfaltung des psychischen, emotionalen und sozialen Lebens kommt – zum eigenen Nutzen und dem der Art.

»Art«, das bedeutet für uns Menschen nicht erststellig die biologische Art (Homo sapiens), sondern die soziologische. Das ist die (geordnete und konsistente) Menge von Menschen, die miteinander in Kommunikationsgemeinschaft leben können, zwischen denen also Kommunikation sinnvoll abläuft, die somit in der Lage sind, ihre Persönlichkeiten zu entwickeln, zu entfalten, zu realisieren. Über die »Artgrenzen« hinaus ist oft Kommunikation nur sehr beschränkt möglich. Sie ist dann kein personales Ereignis, sondern ein funktionales Geschehen. Über die Grenzen einer soziologischen Art hinaus, ist keine fruchtbare personale Interaktion realisierbar. Auch das gilt es zu bedenken, wenn sich Begegnung zwischen zwei Menschen, zwei Gruppen, zwei Gesellschaften ereignet. Rationalität ist immer auch begrenzt durch die Grenzen einer soziologischen Art. Was der einen als vernünftig gilt, ja in ihr durchaus vernünftig ist, muß nicht auch in der anderen vernünftig sein – im Gegenteil. Das aber bedeutet, daß wir mit dem Urteil über die Vernünftigkeit von Sinnantworten sehr vorsichtig sein müssen, wollen wir nicht der Arroganz erliegen, wir seien im Besitz einer für alle Menschen verbindlichen Wahrheit und eines allverbindlichen Vernünftigkeits-Kriteriums. Eine solche Arroganz hat stets etwas vom fatalen Schein der Tiefe an sich: »Eritis sicut Deus« (Ihr werdet sein wie Gott) – eine diabolische Verheißung. Die jüdisch-christlichen Mythen sind gar der Meinung, daß in dem Versuch, diese Verheißung einzuholen, sie für einlösbar zu halten, die Ursache allen Übels liege und allen Unheils, das seit Anbeginn über der Menschheit zu lagern scheint. Sicher aber ist diese Überzeugung, im Besitz auch für andere Menschen verpflichtender Erkenntnis zu sein, die Grundlage vielen Haders und der konfliktträchtigen Intoleranz unter uns Menschen.

Die von Sokrates ins allgemeine Bewußtsein gebrachte Antinomie von Wahrheit und Gewißheit, nach der wir im

Fall der Gewißheit – intolerant – dazu neigen, unsere Gewißheiten für wahr, und damit prinzipiell für alle Menschen verbindlich zu halten, scheint unter uns ganz ähnlich denunziert zu werden, wie zu des Sokrates Zeiten. Spätestens seit Sokrates sollte es zur allgemeinen Bildung gehören, in Wahrheit und Gewißheit zwei nur locker und problematisch aufeinander zu beziehende Größen zu sehen. Die Sinnantwort, und mag sie noch so realitätsdicht gegeben werden, liegt stets im Bereich der Gewißheit, unserer ganz persönlichen Sicherheit.

Sicherheit, Gewißheit, Evidenz sind stets eng gebunden an psychische Kompromißbildungen. Das, was auf Grund des Kompromisses uns bewußt wird, wird bewußt, um den Kompromiß nicht zu gefährden. Es kann bewußt werden als sicher oder unsicher, als gewiß oder ungewiß, in allen Fällen ist der Grund unserer bewußten Inhalte die Stabilisierung des Selbst-Systems.

Die Suche nach Wahrheit setzt dagegen eine Fähigkeit voraus, die sich von den psychischen Regeln des Lustgewinns und der Unlustvermeidung (sowie des Wiederholungszwangs) wenigstens in Ansätzen emanzipierte. Wer wahre Aussagen finden will, muß bereit sein, von seinen ihn stabilisierenden Gewißheiten zu lassen. Daß das auf einer höheren Ebene wieder Lust bereiten kann, sei nicht bestritten, Wahrheitssuche ist eine sublime Form des Lustgewinns. Sie ist vermutlich nur den Menschen möglich, deren Ich-Steuerung so gut ausgeprägt ist, daß sie sich von den Mechanismen des Es befreien konnten.

Das soll nun aber nicht heißen, daß die Sinnantwort, die ein Mensch für sein Leben gefunden hat, in keiner Weise wahr sei. Um sie in einer wahren Aussage zu formulieren, ist es nötig, ihre Wahrheitsbedingungen einzuführen. So kann die Aussage: »Soweit mir bewußt ist, besteht der Sinn meines Lebens darin, ein glücklicher Mensch zu werden«, durchaus wahr sein. Sie muß jedoch, durch entsprechende Formulierung, als Aussage über eine subjektive Überzeugung kenntlich sein.

Andererseits ist die Sinnantwort nicht absolut und uneingeschränkt subjektiv oder gar beliebig. Sie ist, wenn schon nicht wahr, so doch brauchbar oder unbrauchbar. Ihre Brauchbarkeit entscheidet sich an erster Stelle vor dem Anspruch des Biophilie-Postulats. Sie ist also durchaus objektivierbar, soll heißen: Man kann objektiv feststellen, ob sie ihrer Funktion optimal, unteroptimal oder gar nicht gerecht wird.

Im Folgenden will ich Ihnen einige Begegnungen schildern, die mich im Bedenken der Sinnproblematik weiterbrachten. Es sind das Begegnungen mit Menschen, denen ich die (neugierige) Frage gestellt habe, worin denn der Sinn des Lebens ihrer Meinung nach bestehe. Zur Ehre der meisten sei gesagt, daß sie die Antwort zögernd gaben – unsicher, ob sie die rechten Worte fänden. Nicht wenige waren aber auch der Ansicht, ihre Sinnantwort sei auch für andere brauchbar.

(1) Werner ist ein pensionierter Studienrat. Sein Beruf scheint ihm viel Freude gemacht zu haben. Seit seiner Pensionierung bemüht er sich, im Nachhilfeunterricht sein pädagogisches und didaktisches Interesse zu realisieren. Zudem ist er ehrenamtlich in einem Bildungsverein tätig. Die Frage nach dem Lebenssinn beantwortet er, ohne auch nur im geringsten zu zögern: »Es kommt darauf an, seine Pflicht zu tun!« Der Anmerkung, es handele sich hier doch um eine sehr allgemein gehaltene Antwort, entgegnet er mit der Bemerkung: »Ich war immer glücklich, wenn ich meine Pflicht getan habe – und war nur wirklich unglücklich in meinem Leben, wenn ich vor dem Anspruch der Pflicht versagte.« Offensichtlich war es also

sein Lebenssinn, glücklich zu sein. Dieser Lebenssinn konnte nur durch treue Pflichterfüllung realisiert werden. Also war es wichtig, herauszufinden, was denn nun »Glück« und »Pflicht« für ihn bedeuten. Auf die entsprechenden Fragen kamen nur sehr zögernde Antworten. Sie lassen sich in etwa auf diesen Nenner bringen: Pflicht sei das, zu dem man sich bei der Übernahme einer Position oder durch die Zugehörigkeit zu einer Gruppe oder Gesellschaft verpflichte. Glück aber sei das Gleichmaß der Seele.

(2) Christine ist eine 20jährige junge Frau. Sie übt keinen Beruf aus – geht allenfalls gelegentlich jobben. Mit 17 war sie der Jugendreligionsgemeinschaft der »Children of God« beigetreten. Einige Monate verbrachte sie in Montreal (Kanada), dem Zentrum der Gemeinschaft. Sie machte einen auffallend ausgeglichenen und heiteren Eindruck. Sie verhielt sich in einer angenehmen, unaufdringlichen Weise extravertiert und nahm lebhaftes Interesse an anderen Menschen. Mir fiel während zahlreicher Gespräche auf, daß sie niemals negativ über andere Menschen oder Überzeugungen sprach – ein Ausdruck einer Toleranz gegenüber Menschen und Meinungen, die keineswegs in Desinteresse, sondern in Engagement gründete. Diese Reife war mir bislang bei einem so jungen Menschen noch nicht begegnet. Das zentrale Thema der Religiosität ihrer Gemeinschaft, die Vorbereitung auf das Ende der Welt, kam selten ausdrücklich zur Sprache.
Die Frage nach dem Sinn des Lebens beantwortete sie zunächst sehr formelhaft. »Es kommt darauf an, daß Gott mich liebt!« Wenige Sekunden später korrigierte sie sich: »Es kommt darauf an, daß Gott uns liebt!« Die Frage, was das denn heiße, beantwortete sie mit der Gegenfrage, ob ich denn nicht wüßte, was Liebe sei. Es sei über alles

wichtig, Lieben zu lernen. Nur dann könne man selbst erlöst werden – und die anderen Menschen dazu.

(3) Michael ist 31 Jahre alt und befindet sich gerade in seinem zweiten Studium. Vor sechs Monaten diagnostizierten die Ärzte bei ihm ein Chondrosarkom im Bereich der rechten Hüftpfanne. Sie wurde durch eine Prothese ersetzt. Da bei der Operation der Ischiasnerv affiziert wurde, hatte er erhebliche Schmerzen. Da offensichtlich das erkrankte Gewebe bei der Operation nicht vollständig entfernt wurde, kam es zu schneller Metastasenbildung vor allem in den Lungenflügeln. Michael konnte nur noch mit Mühe atmen.

Da er ein sehr christlich gebildeter Mensch war, versuchten ihn manche seiner Seelsorger über den Sinn des Leidens und des Sterbens aufzuklären. Als ich ihn einmal besuchte, beklagte er sich bitter über das »dumme Geschwätz«. Für ihn war es evident, daß Leid und Tod keinen Sinn an sich haben, sondern an sich etwas Negatives seien. Aber wir Menschen seien in der Lage, beiden Sinn zu geben. Wir könnten das Unsinnige besinnen. Das sei unsere Größe, das unterscheide uns vom Tier. Er gab seinem Leid und seinem nahenden Tod den Sinn, daß sie den Menschen leben helfen sollten, die ihm in seinem Leben begegnet sind.

Vier Tage nach diesem Gespräch war seine Vitalkapazität so gering geworden, daß er erstickte.

(4) Maria ist 81 Jahre alt und liegt mit einem schweren Leberleiden im Krankenhaus. Dazu kommen Schlafstörungen und Kreislaufprobleme. Sie weiß, daß sie nach menschlichem Ermessen nur noch wenige Wochen leben wird. In seelsorglichen Gesprächen kommen wir verschiedentlich auf die Frage nach dem »Sinn von allem« zu

sprechen. Unter dieser Formel verbirgt sich bei älteren Menschen nicht selten die Frage nach dem eigenen Lebenssinn. Dieser selbst ist nicht (mehr) bewußt, da als selbstverständlich vorausgesetzt wird, daß das Leben einen Sinn habe, auch wenn wir ihn nicht erkennen können. Das gute Gewissen zeige uns, ob wir »richtig« (dem Sinn entsprechend) leben würden.

In manchen Gesprächen erfuhr ich, worin der »Sinn von allem« liege. Die Sinnfrage sei nicht eine, sondern sie entfalte sich in zahlreiche Fragen nach dem »kleinen Sinn«. Sinn habe es, dem Mann über 55 Jahre lang den Haushalt geführt und sich niemals dieser Aufgabe entzogen zu haben. Sinn habe es, Kinder auszutragen, zu gebären und zu anständigen Menschen aufzuziehen. Sinn habe es, anderen Menschen in Not zu helfen ...

Maria starb als ein Mensch, dessen Leben geglückt ist.

(5) Georg ist 23 Jahre alt und leidet seit einigen Monaten an einer monopolaren Depression. Er verliert Gewicht, seine Züge sind unbeweglich, der Antrieb ist gering, kleine alltägliche Aufgaben (wie die Versorgung der Blumen) machen Beschwerden, Briefe bleiben unbeantwortet, frühes Erwachen verkürzt den Schlaf auf wenige Stunden. Sein Studium erscheint ihm sinnlos, die Examensziele nicht erreichbar. Das bisherige Leben wirkt als eine Abfolge von Belanglosigkeiten, für die es sich niemals zu leben gelohnt habe. Georg wurde religiös (christlich) erzogen. Auf die Frage nach dem Sinn fiel ihm nach langem Nachdenken die Antwort des Katechismus ein. Unter hohlem, traurigem Lachen zitierte er: »Ich bin auf Erden, um Gott zu ehren und zu dienen und dadurch in den Himmel zu kommen.« Dieser Satz ermunterte ihn zu einigen weiteren Assoziationen. »In den Himmel kommen, das muß schön sein. Da ist das Leben nicht mehr an-

strengend. Da habe ich meine Ruhe. Ich muß nicht mehr kämpfen.« Meine Frage, ob er an Gott glaube, beantwortete er nach langem Schweigen mit einem mehrdeutigen Kopfschütteln. Da bei solchen »leeren Depressionen« religiöse Formulierungen oft nur klischeehafte Bedeutung haben, mit der Funktion, die durch die Frage belastete Psyche möglichst gründlich von Anfragelasten zu befreien, kaum aber etwas über die tatsächliche Meinung des Patienten aussagen, ließ ich solch inhaltlich gezielte Fragen bleiben.

Während der folgenden Therapieferien setzte Georg selbständig seine Medikamente ab und versuchte, durch einen Autounfall aus dem Leben zu scheiden. In seinem an mich gerichteten Abschiedsbrief beklagte er bitter die Versuche seiner Umwelt, ihn mit irgendwelchen Lappalien zu trösten, und wie lästig ihm viele Menschen fielen durch ihre »Hilfsbereitschaft« und ihre häufige Anwesenheit. Er suche den Tod, um endlich einmal allein sein zu können. Der Sinn des Lebens sei das Sterben – und er wolle diesen Lebenssinn bald vollenden. Ich habe in einer Vorlesung gesagt, daß die Lebensfähigkeit eines Menschen von seiner Sterbensfähigkeit abhinge. Er sei durch die Medikamente nicht sterbens- und damit auch nicht lebensfähig gemacht worden. Erst jetzt sei er wieder lebensfähig-sterbensfähig. Und das wolle er nutzen. Als ich ihn wenige Tage später in der Klinik besuchte, lächelte er mich zum ersten Mal seit Monaten an. Jetzt wisse er, worin der Sinn des Lebens liege: Daß man jederzeit Schluß machen könne, wenn es keinen Spaß mehr mache oder die Schwierigkeiten Überhand nähmen. Georg sah den Sinn seines Lebens darin, daß er dessen Herr sei, es beherrschen könne. Diese Überzeugung gab ihm die Kraft, die kommenden Wochen und Monate zu überleben. Die leere Depression war durch eine, zugegeben problematische und pathogene Sinnantwort soweit »angefüllt« worden, daß die Therapiefähigkeit wieder hergestellt war.

(6) Franz ist 45 Jahre alt und seit fünf Jahren Dozent für Katholische Dogmatik. Er wirkt, abgesehen von einigen zwanghaften Mustern, psychisch gesund. In seinem Beruf hat er so viel Erfolg, daß er mit sich selbst zufrieden ist. Er ist das, was man einen »gläubigen Menschen« zu nennen pflegt. Seine Religiosität ist also nicht (nur) berufsbedingt.

Auf meine Bemerkung, daß die Kirche vor allem bei der Jugend damit werbe, sie könne ihnen Lebenssinn mitteilen, reagiert er emotional nur auf das Wort »werben«. Die Sache an sich hält er offenbar für zutreffend und legitim. Ich frage ihn dann, worin denn der Sinn eines Menschenlebens bestehe. Er antwortet ausweichend. Man könne die Frage nicht so generell beantworten. Auf meine Folgefrage, worin er denn den Sinn seines Lebens sehe, reagiert er nahezu mit Stupor. Er wirkt blockiert, physisch und psychisch gelähmt. Nach etwa zwei Minuten hat er sich von seinem Schock erholt und murmelt dann etwas von »Brücken zu Gott«. Das ist der »Werbeslogan« einer Philosophisch-Theologischen Hochschule im Bundesgebiet.

Diese Reaktion machte mich neugierig. Sollte es denn der dogmatischen Theologie entgangen sein, daß die Sinnfrage – als modernes Tor zur Religiosität – von ihr nur als Klischee, nicht aber in inhaltlicher Füllung verwaltet wird? So fragte ich dann weitere Dogmatiker. Ihre Reaktionen waren denen von Franz nicht unähnlich.

(7) Walter ist 64 Jahre alt und ein erfolgreicher Kaufmann. Er wirkt ausgesprochen extravertiert und lebensfroh. Schon beim ersten Gespräch zeigt sich jedoch, daß

es ihm nicht gelungen ist, seine Aggressivität sinnvoll sozial darzustellen. Wir begegnen einer Menge Autoaggressivität, die sich in depressiven Gedanken, in der Erfahrung von Orientierungs- und Sinnlosigkeit, in hektischer Betriebsamkeit, in der Unfähigkeit, mit sich allein sein zu können, zeigt.

Wir sprechen gelegentlich über Orientierungsfragen, obschon Walter die aktive Teilnahme an orientierenden Lehrvorträgen dem Einzelgespräch vorzieht. Er will selbst herausfinden, wie sein Weg weiter laufen soll – und nicht persönlich belehrt oder korrigiert werden.

Während eines solchen Lehrvortrags kommt es unter den Zuhörern zu einer Diskussion über das Thema, ob nur der Glaube an ein Fortleben nach dem Tod, dem Leben vor dem Tod zureichend Orientierung und Sinn geben könne. Walter verneint engagiert die Frage. Er vergleicht sein Leben mit einer brennenden Kerze, die einige Zeit ein wenig Licht und Wärme geben kann, dann aber verlischt. Ist das denn nicht Sinn, nicht Orientierung genug?

Keiner der Teilnehmer kann widersprechen – und das nicht nur, weil ein persönliches Bekenntnis nicht Gegenstand eines Widerspruchs sein darf.

In gelegentlichen Diskussionen mit Theologen, die es für selbstverständlich hielten, daß realitätsgerechte und menschlich befriedigende Lebensorientierungen nur möglich sind, wenn man sich auf ein Leben nach dem Tode hin organisiere, habe ich diese Begegnung mit Walter erzählt. Sie waren zumeist leicht verstört, und gelegentlich war es sogar möglich, das religiös begründete Vorurteil, nur ein Leben nach dem Tode gäbe dem Leben vor dem Tode Sinn, abzubauen.

II.

Über den Wandel der Vernunft

»Den Sinn des Lebens suchen mit Vernunft«, das setzt voraus, sich über die Rolle der Vernunft im Leben Rechenschaft zu geben. »Vernunft« ist sicherlich zum einen eine kritische Instanz im Horizont unserer psychischen Möglichkeiten und Begabungen. Auf der anderen Seite steht sie jedoch im übergeordneten Dienst aller psychischen Funktionen: der Bewahrung der Stabilität des Selbst und seiner Funktionstüchtigkeit.

Mittels der Vernunft können wir, innerhalb eines gewissen Rahmens, die uns bewußt werdenden Inhalte auf ihre Realitätsdichte prüfen, können sie miteinander in Verbindung setzen, sie gelegentlich gar von bewußten Emotionen und Bedürfnissen abkoppeln (ein Abkoppeln von den nicht-bewußten Emotionen und Bedürfnissen ist der Vernunft als einer sekundären Verarbeitungsinstanz bewußter Inhalte selbstredend nicht möglich). Die zentrale Aufgabe der Vernunft ist also die Prüfung der Realitätsdichte von bewußten Motiven, Einstellungen, Haltungen, Orientierungen. Da die Sinnantwort orientierende Funktion hat, kann sie, unter bestimmten Umständen, von der Vernunft auf ihre Realitätsdichte hin geprüft, rational begründet werden.

Welches sind nun die Bedingungen, unter denen eine effiziente Prüfung auf die Realitätsdichte möglich ist?

(1) Diese Prüfung darf nicht zur psychischen Labilisierung, zu einer Gefährdung des Selbst führen. Eine solche Prüfung würde vom Selbst abgewehrt und verweigert werden, wenn es sich wesentlich realitätsabgelöst organisierte. Eine realitätsfremde Kompromißbildung wird nicht selten bemerkbar an der Ausbildung neurotischer oder psychotischer Symptome. Im Vorfeld solcher Symptombildungen verweist eine ausgeprägte Konfliktunfähigkeit auf eine realitätsabgelöste Kompromißbildung. Konflikte stellen sich da ein, wo sich Menschen nicht optimal an psychischer, sozialer, kosmischer Realität orientierten. Sie sind eine Aufforderung, die eigene Realitätsdichte in einer konkreten Situation zu prüfen und enthalten die Chance, Ansätze zur Realitätsablösung zu korrigieren. Kann ein Mensch diesem Korrekturangebot nicht entsprechen, etwa weil die eingeforderte Korrektur seine Kompromißbildung gefährden würde, ist er wenigstens partiell konfliktunfähig, unfähig, die ihm begegnenden Konflikte konstruktiv zu lösen. Ein Konflikt wird konstruktiv gelöst, wenn er verschwindet. Nicht verschwunden ist er, wenn er nur verlagert wird (aus einem sozialen Konflikt wird ein anderer, aus einem psychischen Konflikt wird ein sozialer ...), wenn er verschleiert (und nicht ausgetragen) wird, etwa aus allgemeiner oder spezifischer Konfliktangst, oder gar eskaliert.

(2) Diese Prüfung betrifft eine Sinnantwort, die nicht nur abstrakt bleibt, sondern tatsächlich orientiert, so daß Handlungen und Unterlassungen auf Grund der Sinnantwort geschehen. Abstrakte Sinnantworten sind realitätsneutral. Sie sind irrelevant, da sie sich niemals in der Begegnung mit Realität auf ihre Brauchbarkeit hin ausweisen müssen. Die konkrete, verhaltensrelevante Sinnant-

wort wird sich dagegen auf ihre Vernünftigkeit überprüfen lassen. Die Realitätsdichte läßt sich etwa an den biophilen Folgen des Verhaltens ausmachen.

Was meint nun das Wort »vernünftig«?
Damit eine Entscheidung, eine Orientierung, ein Entschluß, eine Handlung vernünftig sind, müssen sie außer dem genannten Biophilie-Kriterium auch einigen formalen Ansprüchen genügen: denen der Kritisierbarkeit und der Konsistenz.
Kritisierbar ist eine Entscheidung, ein Entschluß, eine Orientierung, eine Meinung …, wenn sie der Kritik ausgesetzt wird. Kritisierbarkeit ist eine Konsequenz der Konfliktfähigkeit und damit auch der Chance, sich im Sinne einer verbesserten Realitätsdichte zu modifizieren. Kritisierbarkeit verweist stets auf die Kritik durch andere Menschen (und nicht nur auf die Kritik der Realität an unbrauchbaren Meinungen …).
Welcher Mensch aber ist in der Lage, seine Sinnantwort, in der sich seine Selbstdefinition verdichtet, fremder Kritik auszuliefern?
Um eine immer private, persönliche Sinnantwort kritisierbar zu machen, ist es zunächst erforderlich, sie verständlich zu formulieren. Hier tauchen Probleme auf. Bei Antworten von solch existentieller Bedeutung ist damit zu rechnen, daß sie nicht nur ihre eigentliche Bedeutung von ihrer emotionalen Besetzung erhalten, sondern auch jedes Wort der verbalisierten Antwort durch seinen spezifischen Kontext eine emotionale Bedeutung mit sich trägt, die semantisch nicht adäquat dargestellt werden kann. Heißt das nun, daß die Sinnantwort jedem kritischen Zugriff entzogen ist? Ist sie so privat, daß ein anderer Mensch sie nicht einmal in ihrer eigentlichen Tragweite verstehen, geschweige denn kritisieren kann? Diese

Frage verweist auf einen problematischen Wandel im Umgang mit Sprache. Sprache wandelte sich nicht selten von einem Geschehen, das durch personale Interaktionen bestimmt wird, zu einem solchen, in dem funktionale Interaktionen dominieren.

Sprache war einmal das zentrale Organ menschlichen Miteinanders. Dieses Miteinander war definierbar als »Kommunikationsgemeinschaft«. In dieser Gemeinschaft spielte Kommunikation auf allen ihren Ebenen:

- Informationsgabe, -nahme und -verarbeitung,
- Kontaktaufnahme, Kontaktverstärkung, Kontaktvergewisserung,
- Selbstdarstellung (wichtig für die Definition von Rängen in sozialen Gebilden, aber auch für die Balance zwischen Innen und Außen, zwischen Selbst- und Objektrepräsentanzen einer Persönlichkeit),
- unausdrückliche (und oft unbewußte) Appelle etwa derart: »Ich möchte, daß du mich ernst nimmst!«, »Ich möchte, daß du das für wichtig hältst, was ich dir sage!«, »Ich möchte, daß du dieses tust oder jenes unterläßt!« ...

In Kommunikationsgemeinschaften fließt der kommunikative Fluß weitgehend selbstverständlich auf allen vier Ebenen mit einer gewissen Bevorzugung der kontaktiven. Verändert sich aber die Interaktionsgemeinschaft zu einem gesellschaftlichen System, erhält Sprache eine stark reduzierte Funktion. Diese Wandlung einer Gemeinschaft zu einem sozialen System ist vergleichsweise leicht festzumachen:

- Die Elemente des sozialen Verbandes sind nicht mehr Personen, sondern mehr oder weniger standardisierte Interaktionen.
- Aus Verhaltensregeln werden soziale Normen, die

auch dann zu befolgen sind, wenn sie keiner Person (sondern nur der Gesellschaft, die ihre Identität weitgehend über die Identität der in ihr geltenden Normen bezieht und sichert) nutzen, sondern vielleicht gar vielen schaden. In Systemen herrschen Normen. Personen werden zu Agenten des Systems mit der vorzüglichen Aufgabe, den Normenbestand und den Normentransfer von einer zur anderen Generation zu sichern.

● Das Ziel des sozialen Verbandes ist nicht mehr der Nutzen der einzelnen Mitglieder, sondern der Erhalt des Systems.

Offensichtlich werden also beim Übergang von Kommunikationsgemeinschaften zu sozialen Systemen personale Kategorien durch funktionale ersetzt, denn nicht mehr die soziale Stabilisierung, Verwirklichung, Teilhabe ... der Personen ist soziales Ziel, sondern der Bestand und das Funktionieren der Gesellschaft.
Wir alle wissen, daß der Übergang von Kommunikationsgemeinschaften zu systemischen Gesellschaften in vielen sozialen Bereichen stattgefunden hat und immer noch stattfindet. Die europäischen Staaten sind wohl schon recht früh zu Systemen geworden. In unserem Jahrhundert folgten dann die Parteien, die Gewerkschaften, die wirtschaftlichen Großunternehmen ...
Die Einbindung von Menschen in eine Vielzahl von Systemen hatte schwerwiegende Folgen. Systemische Orientierungen und Einstellungen bestimmten die Interaktionen zunehmend universeller. Die soziale Beherrschung beider sozialer Typen (Kommunikationsgemeinschaft und soziales System) gelingt immer weniger Erwachsenen. Die Folge davon ist, daß sie systemische Interaktionsmuster auch in Sozialgebilde einführen, die an sich Kommunikationsgemeinschaften sind, wie Familien,

Partnerschaften, Kleinunternehmen ... Dabei reduziert sich Kommunikation (eine personale Kategorie) auf Informationsgabe, -nahme und -verarbeitung (eine funktionale Kategorie).

In dieser reduzierten sozialen Umwelt ist nun ein Sich-Verständlichmachen in den radikal-personalen Bereichen, die in der Sinnantwort dargestellt werden, kaum möglich. Die Worte wurden in der reinen Funktionalität der Informationsschicht entemotionalisiert, weil – funktional gesehen – Emotionen Störgrößen sind, die die effiziente Informationsgabe, -nahme und -verarbeitung erschweren, wenn nicht gar gefährden.

Von hierher kam denn auch ein neues (funktionales) Persönlichkeitsideal auf: Der Mensch ist am besten, am geeignetsten, am förderungswürdigsten ... der möglichst Kommunikation ausschließlich auf der Informationsebene abwickelt. Optimal ist jener Mitarbeiter, der am meisten einer Datenverarbeitungsmaschine ähnelt: Er ist in seinen Reaktionen vorausberechenbar und unbedingt zuverlässig, Emotionen spielen in seinen Interaktionen keine Rolle, er ist pünktlich und steht, wenn man ihn braucht, klaglos zur Verfügung, er ist sich seiner Austauschbarkeit bewußt, er riecht nicht und ist weitgehend unabhängig von Stimmungen, Launen und dem sozialen Umfeld ...

Das ist die Beschreibung eines Alexithymikers, also eines psychisch und sozial geschädigten Menschen. Die Alexithymie ist eine psychische Krankheit, die durch zwei Symptome beschrieben wird:

- Der Alexithymiker ist nicht mehr in der Lage, über seine Emotionen anders als informativ-funktional zu sprechen,
- er ist der (irrigen) Auffassung, daß Entscheidungen vorwiegend rational gefällt werden, da Menschen vor-

wiegend rational organisierte Lebewesen seien oder es doch sein sollten.

Bei solchen Menschen ist die personale Verbindung von Emotionalität und Rationalität verlorengegangen. Sie sind zwar noch in der Lage, (oft starke) Emotionen zu haben, aber diese werden in einer Welt gelebt, die asozial geworden ist. Emotionalität hat ihre wesentliche Weisefunktion verloren, auf Grund derer sie anderen Menschen mitteilt, zu welchen Interaktionen man zur Zeit fähig ist. Alexithymiker können bei kitschigen Fernsehfilmen zu Tränen gerührt sein. Ihre »eigentliche« soziale Welt ist emotionslos.

Weil dieses Bild von Welt falsch ist, bedeutet Alexithymie gefährliche Realitätsablösung bis zum Realitätsverlust. Das Arge ist, daß die daraus entstehenden Konflikte in ihrer Bedeutung nicht erkannt werden, da sie sich ausschließlich auf den privaten und psychischen Bereich erstrecken – im Beruflichen aber der Alexithymiker bis hin zu den mittleren Chargen des Managements oft gefördert wird.

Die alexithymische Sprache ist eine Sprache ohne emotionale Bedeutungen in den Worten oder den Sätzen. Aus sprachlichen Symbolen (mit semantischer *und* emotionaler Bedeutung) werden reine Sprachzeichen (mit semantischer, aber ohne emotionale Bedeutung). Das Ideal der Zurückführung von Symbolen auf Zeichen ist seit der Antike das Ideal der wissenschaftlichen Kommunikation. Definitionen legen ausschließlich semantische Bedeutungen fest. Wissenschaften stehen und fallen mit eindeutigen Definitionen ihrer zentralen Begriffe.

Nun scheint evident zu sein, daß die Sinnantwort keine wissenschaftliche Aussage ist. Man kann also auch mit ihr nicht wissenschaftlich umgehen (sondern sie allenfalls zum Gegenstand von Wissenschaft machen). In unserer

Gesellschaft mit den Idealen der Wissenschaftlichkeit, der Funktionalität, der zentralen Bedeutung der Information hat eine personale Sinnantwort keinen Platz mehr. Auf der Ebene dieser Ideale ist sie nicht verständlich zu machen – und also auch nicht zu kritisieren.

Wenn wir zurückfinden wollen zur Möglichkeit einer rationalen Sinnantwort, müssen wir zuvor die Kunst der Kommunikation wieder erlernen. Ob das aber möglich ist in einer Welt voller Funktionalität, voller Hypertrophie der Information, voller Denunziation der Emotionalität als Irrationalität, wage ich zu bezweifeln. Ein zureichendes soziales Klima, in dem Kommunikation wieder in allen ihren Dimensionen realisiert werden kann, ist vermutlich nur in Kommunikationsgemeinschaften herzustellen. So ist es verständlich, wenn junge Menschen aus den systemischen Zwängen der Gesellschaft ausbrechen und sich neue soziale Rahmenbedingungen schaffen, innerhalb derer die Organisation von Kommunikationsgemeinschaften möglich wird. Es ist also verständlich, wenn sich junge Menschen in »Jugendreligionen« zusammenfinden, weil ihnen diese Kommunikationsmöglichkeiten anbieten, die sie in ihrer sozialen Umwelt nicht mehr finden. Da auch die großen Kirchen längst den Weg von Kommunikationsgemeinschaften zu Systemen gegangen sind, bietet deren Religiosität, die eher informativ denn kommunikativ ist, keine akzeptable Alternative. Hier kann über Kommunikation keine Sinnantwort gefunden werden.

Es ist zweifelhaft, ob vernünftige Sinnantworten anders als kommunikativ bewußt gemacht werden können. Eine Zeit des Verlusts an kommunikativer Kompetenz ist notwendig eine Zeit des Sinnverlustes. Daß sich geschäftstüchtige Pseudoideologen des Marktes »Kommunikation« erfolgreich bemächtigt haben, verweist darauf, wie groß die unbefriedigten Kommunikations- und Sinnbedürfnisse sind.

Nicht wenige Menschen suchen ihre ideologische Basis (und dazu gehört auch ihre Sinnantwort) der Kritik zu entziehen, indem sie sie immunisieren. Solche Immunisierungsstrategien können sehr verschieden aussehen. Beliebt sind folgende:

- Jede widersprechende Erfahrung, jeder Einwand führt zu einer ad-hoc-Modifikation der die Sinnantwort tragenden Ideologie. Sie wird um immer mehr Facetten bereichert, in denen sich die neuen Erfahrungen brechen. So wird die Ideologie immer komplexer und komplizierter (und damit immer weniger brauchbar), bis sie schließlich zu einem religiösen oder philosophischen System geworden ist, das um sich selbst kreist, und in sich so geschlossen ist, daß es bei enormer Gewißheitsvermittlung für den, der sich ins System begibt, doch abstrakt (also nicht mehr lebensleitend) wird, oder aber – noch häufiger – sich zunehmend mehr von Realität ablöst.
Die ideologische Systembildung und eine systemkonforme Sinnantwort sind eine erhebliche Gefahr, Vernunft zu verlieren.

- Jedes rationale Argument wird mit dem Hinweis abgewehrt, daß »die Dinge tiefer lägen« und deshalb von kritischer Rationalität nicht erreicht werden könnten. Damit sind sie prinzipiell jedem Diskurs entzogen. Kommunikation ist dann nur möglich zwischen Menschen mit dem gleichen (oder einem doch sehr ähnlichen) Sinnkonzept. Mir sind nicht wenige (vor allem junge) Menschen bekannt, die durch die emotionale Ansprache, die scheinbar so enge Zusammenstimmung der Befriedigung emotionaler und rationaler Bedürfnisse, sich in solche Sinnwelten eingesponnen haben.

Sie merkten (bestenfalls), daß da irgendetwas nicht in Ordnung sein könnte, als sie vergeblich versuchten, ihre Einsichten weiterzugeben.

Das zweite Merkmal der Rationalität einer Orientierung, eines Entschlusses, einer Entscheidung, einer Handlung, einer Meinung ... ist deren Konsistenz. »Konsistenz« meint hier ein Zusammenstimmen von Motiv und Handlung, von Orientierung und Interesse, von Entscheidung und Tat. Rational ist also nur eine Sinnantwort, die auch tatsächlich Erkenntnis und Handlung leitet. Abstrakte Sinnantworten sind also nicht rational. Viele standardisierte Sinnantworten sind abstrakt. Sie bestimmen nicht das Selbst in seiner Definition, in seiner praktischen Orientierung. Sie sind also nicht rational begründbar, sondern entziehen sich in ihrer Isolation jedem begründenden Zugriff.

III.

Menschliche Unversöhntheit und die Suche nach Sinn

Wir Menschen sind zutiefst unversöhnte Wesen, unversöhnt mit der uns umgebenden Natur, unversöhnt mit den Gesellschaften, in die wir in mancherlei Weise eingebunden sind, unversöhnt mit unserer eigenen Geschichte und mit der der kulturellen und sozialen, der ökonomischen und politischen Gebilde, in und mit denen wir leben, unversöhnt aber auch mit unserer eigenen Grenzhaftigkeit, und schließlich unversöhnt mit uns selbst. Der Grund dieser Unversöhntheit ist die Nicht-Identität von Wesen und Sein. »Wesen« meint unseren Entwurf, unser ideales Selbst, meint den, der wir sein könnten, wenn wir unter optimalen psychischen und sozialen Bedingungen aufgewachsen wären und leben könnten. »Sein« meint den Zustand unseres realen Selbst, meint den, der wir tatsächlich sind: unvollkommen und unvollendet, auf mancherlei Weise verwundet und verstört, weder zu Hause bei uns selbst noch im Anderswo, immer auch sich und anderen fremd, ja stets in der Fremde lebend. Das Heimweh nach dem Wesen macht uns zu unversöhnten Menschen. Die Art der persönlichen, der individuellen Unversöhntheit spiegelt sich in der Sinnantwort wider. Hier entscheidet sich die Brauchbarkeit einer Sinnantwort, soll sie es doch erlauben, in den Horizonten der Unversöhntheit Orientierung zu finden. Wir müssen uns mit dem Thema der von Mensch zu Mensch wechselnden Art der Unversöhntheit beschäftigen, soll das Thema der Sinnsuche mit Vernunft nicht unanwendbar abstrakt bleiben oder in der Oberflächlichkeit von Allgemeinplätzen versanden.

(1) Die Unversöhntheit mit sich selbst

Obschon sich in dieser Form der Unversöhntheit alle anderen begegnen und verdichten, sei sie als erste vorgestellt. Sie ist es, die die meisten Menschen, die sich vor der Sinnfrage finden, an erster Stelle – bewußt oder unbewußt – beschäftigt. Oft manifestiert sie sich in der Frage: »Wer bin ich eigentlich?«. Wenn ein Mensch sich selbst zum unauslotbaren Geheimnis wird, wenn er seine eigene Definition (d.h. seine eigene Abgrenzung zu dem, der er nicht ist) nicht mehr sinnvoll geben kann, ist das ein Symptom für eine nicht selten weitreichende Desorientierung. Der Zustand der Desorientierung ist ein Zustand der Unsicherheit, des Unwohlseins – des Unglücks gar. Er stellt sich dann ein, wenn eine alte Kompromißbildung nicht mehr trägt, weil sie etwa durch neue Erlebnisse, durch neue psychische und soziale Bedingungen in Frage gestellt wird.

Dieser das Selbst stabilisierenden Kompromißbildung sind wir schon verschiedentlich begegnet. Wir erfuhren, daß (nahezu) alle bewußten Inhalte (Motive, Bedürfnisse, Emotionen, Theorien, Sinnantworten, Handlungen ...) das vorzügliche Ziel haben, die einmal (meist unbewußt) geleistete Kompromißbildung zu sichern. Das aber bedeutet nicht, daß sie, selbst, wenn sie einmal optimal (d.h. realitätsdicht) gegeben wurde, auch für alle Zeiten optimal sein müßte. Veränderungen der Psyche oder der sozialen Umgebung können die alte Kompromißbildung kontraproduktiv werden lassen.

Das Ungenügen einer konkreten Kompromißbildung ist oft leicht erhebbar an einer Reihe von Symptomen, die keineswegs stets neurotischer oder psychotischer Art sein müssen (obschon sie es sein können, auch dann, wenn keine eigentliche psychische Erkrankung vorliegt – man denke hier nur an das pseudopsychotische Verhalten mancher Pubertierender, nicht weniger Frauen in den Wechseljahren, von erfolgreichen Männern in der Mittlebenskrise, bei Schwangeren …). Oft sind Leitsymptome für das Versagen einer konkreten Kompromißbildung: innere Unruhe (»Ich suche etwas, ohne zu wissen, was es denn sei!«), ein Sich-Festmachen an äußerem Erfolg, an Anerkennung, an Leistung, an materiellen Besitz (» Die Anerkennung, die ich finde, sagt mir, daß ich wertvoll bin, selbst, wenn ich nicht weiß, worin eigentlich mein Wert liegt!«). Häufiges Symptom einer versagenden Kompromißbildung ist auch das Schwinden der Fähigkeit, sich zu freuen. Nicht selten wird auch eine schwindende Konfliktfähigkeit bemerkt werden können. Alles dies können Symptome sein, die auftreten, wenn ein Mensch nicht mehr weiß, wer er ist. Es kommt jetzt darauf an, eine neue realitätsdichte Kompromißbildung zu besorgen. Die Widerspiegelung des unbewußten Bedürfnisses nach einem neuen Kompromiß ist sehr oft das Bewußtwerden der Sinnfrage.

An dieser Stelle wird es höchste Zeit zu erklären, was das Wort »Kompromißbildung« bedeutet. Wer schließt hier einen Kompromiß mit wem? Um diese Frage zu beantworten, muß ich einige wenige Begriffe der Psychoanalyse einfügen und erklären.

Das *Es* ist die älteste psychische Instanz. Schon das neugeborene Kind verfügt über sein Es. Wie alle psychischen Instanzen besitzt das Es einen Speicher (für Erfahrungen) und einen Verarbeitungsapparat, der es erlaubt, die Inhalte des Speichers zu verbinden, zu trennen, mit psychischer Energie zu besetzen, psychische Energie abzuziehen. Das Es besetzt (psychisch relevante und in das psychische System eingespeicherte) Erfahrungen mit Lust und Unlust. Diese werden erlebt und führen zur Anwendung entsprechender Such- oder Vermeidungsstrategien. Ein Säugling, der friert, beginnt zu schreien. Das ist eine adäquate (angeborene) Vermeidungsreaktion. Sie führt mit einiger Wahrscheinlichkeit zum Ziel: die Behebung des Frierens durch betreuende Personen. Das Suchen nach Lust und das Vermeiden von Unlust wird das Grundmotiv allen Handelns, aller Orientierung und aller Kompromißbildung sein.

Vermutlich gibt es nur eine Ausnahme vom »Lustprinzip«, den Wiederholungszwang. Wiederholungszwänge werden psychisch eingebaut, wenn es zu nachhaltigen Erfahrungen der Unwirksamkeit der beherrschten Strategien, Lust zu gewinnen und Unlust zu vermeiden kommt. Solche radikalen Vergeblichkeitserfahrungen führen zu einer fundamentalen Konfliktsituation. Man mag sich vorstellen, daß die Psyche diesen fundamentalen Konflikt, der aus einer früheren (meist frühen) Verwundung hervorgeht, endlich einmal lösen möchte. Zu diesem Zweck zwingt sie alle psychischen Instanzen, den Ursprungskonflikt immer wieder zu reproduzieren, um ihn endlich lösbar zu machen. Diese unbewuße Reproduktion von psychischen und/oder sozialen Konfliktsituationen auch dann, wenn sie Unlust bereiten, steht unter dem

Anspruch des Wiederholungszwangs. Sind diese Zwänge so erheblich, daß sie eine realitätsdichte Kompromißbildung verhindern, müssen sie therapiert werden, denn der Ursprungskonflikt kann in der Wiederholung in aller Regel vom Patienten selbst nicht gelöst werden, da die Randbedingungen der ursprünglichen Konfliktsituation (also die sozialen und psychischen Bedingungen, in die der Ursprungskonflikt eingebettet war) nicht mehr reproduzierbar sind. Beispiele für solche unter Wiederholungszwängen unlösbar reproduzierte Konfliktsituationen mögen sein:

- die Unfähigkeit, sinnvoll Autorität über sich zu akzeptieren,
- die Notwendigkeit, anderen Menschen Schuld zuzuweisen, wenn man sich im Unrecht wähnt oder sich unterlegen fühlt (solche Schuldzuweisungen machen Konflikte unlösbar),
- der Versuch, Konflikte durch Ausweichen oder sozialen Rückzug zu lösen …

Es ist ganz offensichtlich problematisch, wenn Wiederholungszwänge, die nie zur Disposition stehen, weitgehend die Kompromißbildung bestimmen.

Ein Mensch, der unter dem Anspruch von Wiederholungszwängen denkt, entscheidet, handelt, fühlt …, sucht seine psychische Problematik durch Agieren zu lösen. Da ihm das Erinnern, das allein die Voraussetzung schaffen würde, den Ursprungskonflikt zu lösen, verboten (weil mit der bestehenden Kompromißbildung unverträglich) ist, agiert er, statt sich zu erinnern. Das Agieren erspart ihm die Konfrontation mit einer Erinnerung, die er nicht zulassen kann, ohne das Selbst zu destabilisieren.

Hier handelt es sich offenbar um eine Abwehrstrategie, also eine Ich-Funktion, die die dem Zwang zugrunde liegende Deformation von Es-Abläufen widerspiegelt, vergleichbar der Widerspiegelung von Trieben in Bedürfnissen oder Emotionen.

Das *Ich* entsteht im Bemühen des Kindes, die Suche nach Lustgewinn und Unlustvermeidung strategisch geschickt an die konkrete (soziale) Umwelt anzupassen. So differenzieren sich aus Lust und Unlust unter dem Einfluß des sozialen Erlebens Emotionen und Bedürfnisse.

Emotionen und Bedürfnisse sind die wichtigsten Es-Abkömmlinge (im Ich). Welche Emotionen und Bedürfnisse mit welcher potentiellen Intensität ausgebildet werden, entscheidet die soziale Umwelt. Wird durch das Darstellen einer Emotion oder eines Bedürfnisses Lust gewonnen und/oder Unlust vermieden oder verringert, »spiegelt die Umwelt das Bedürfnis oder die Emotion wider«, verstärkt sie so und erlaubt es dem Ich, sie fest in das psychische System einzubauen. Da die Sozialfähigkeit eines Menschen weitgehend davon abhängt, ob er sinnvoll mit eigenen Emotionen und (sozialen) Bedürfnissen umgehen kann, ist diese Phase der Ich-Bildung (ab der zweiten Hälfte des ersten Lebensjahres) von erheblicher Bedeutung. Auch das Umgehen-Können mit fremden Emotionen und Bedürfnissen wird hier entscheidend grundgelegt, denn eigene und fremde Emotionen und soziale Bedürfnisse (für die physiologischen interessiert sich die Psychoanalyse nicht, die narzißtischen Bedürfnisse seien hier ausgespart) stehen in enger Wechselbeziehung zueinander. Das gilt sowohl für die erotischen wie die aggressiven Emotionen und Bedürfnisse.

Geschieht die Ich-Bildung unteroptimal, wird das zu Kompromißbildungen führen, die eine optimale Einstellung auf die soziale Umwelt nicht gestatten. Auch hier kann eine therapeutische Hilfe das Mittel der Wahl sein.

Das reifere Ich übernimmt eine Vielzahl von Funktionen. Es setzt nicht nur Emotionen und Bedürfnisse (also nicht

nur Trieb-Abkömmlinge) ein zur Realisierung des Lustprinzips, sondern auch die prüfenden, kritischen Strategien des Intellekts, das Denken und Planen, das Abwehren und die Ausbildung von Symptomen, vor allem aber
die Kompromißbildung.

Das *Überich* hat die Funktion, das Ich zu entlasten. Es
formiert eine standardisierte soziale Umwelt, so daß sich
das Ich nicht mehr an die wechselnden Umweltsituatio-
nen anpassen muß. Es schafft sich eine standardisierte
Umwelt. Oft genügt es, sich ihr anzugleichen, ihr zu entsprechen. Diese standardisierte Umwelt ist eine psychische Instanz (und keine soziale): Die soziale Umwelt des
fünf- bis achtjährigen Kindes wird von ihm internalisiert,
d.h. vom sozialen Außen in das psychische Innen über-
führt. Mußten bislang die Eltern über Lohn- und Straf-
mechanismen das Verhalten des Kindes sozialfähig machen und halten, übernimmt nun das Überich diese Funktion. Das Kind kann sich nun auch ohne die Eltern (bzw.
ohne Personen, die sein Sozialverhalten von außen regeln)
sozial zureichend sicher orientieren. Die Bildung des
Überich ist also wichtig für das soziale Selbständigwerden
eines Menschen, für die Abnabelung von den Eltern.

Das Überich begegnet uns in zwei Erscheinungsformen:
Das *konventionelle Gewissen* (= die innere Stimme des
Gewissens) sagt uns, was wir tun oder lassen sollen, tun
oder lassen müssen, damit wir nicht durch Angst, Schuldgefühle, Scham oder Mindergefühle durch das Überich
bestraft werden. Das *Ichideal* sagt uns, welche Eigenschaften »man« hat und welche nicht. Haben oder zeigen
wir andere Eigenschaften als die vom Ideal geprägten,
setzt der Strafmechanismus des Überich ein.

Das Überich hat für eine realitätsdichte Kompromißbildung einige erhebliche Nachteile:

● Es duldet keinen Ungehorsam und bestraft ihn mit

Angst oder Scham, mit Schuld- oder Mindergefühlen, je nachdem welche dieser Emotionen die strafenden Eltern an (ihrer Meinung nach) sozial unerwünschte Handlungen oder Eigenschaften gebunden haben. Auch die Intensität der Bestrafung hängt von dieser Bindung ab und von der Art der Ablösung von den Eltern (also der Art der Internalisierung der Elterninstanz im Überich). Kompromißbildungen, die mit heftigen Schuldgefühlen verbunden sind, können kaum längere Zeit ohne psychischen Schaden durchgehalten werden, und mögen sie noch so realitätsdicht organisiert sein. Offenbar ist also ein rigides Überich für eine relitätsdichte Kompromißbildung ein kaum zu meisterndes Problem. Auch hier wird oft nur mit therapeutischer Hilfe eine produktive Kompromißbildung möglich werden können.

- Das Überich behält die Reife, die es bei seiner Entstehung hatte. Das bedeutet aber für einen Menschen ab der Pupertät: Es ist unreif und ungeeignet, die neuen sozialen Situationen sinnvoll zu regulieren. Dazu ist nur das Ich in der Lage. Ein durch ein repressives Überich in seinen Funktionen stark eingeschränktes Ich wird also kaum zu einer reifen Kompromißbildung fähig sein.

Kompromißbildung geschieht also durch das Ich. Sie vermittelt zwischen den Ansprüchen des Es, des Überich, der Trieb-Abkömmlinge und der sozialen Außenwelt. Das Ziel der Kompromißbildung ist die Stabilisierung des Selbst, in dem sich alles das vereint, was ein Mensch zu seiner Selbstdefinition benötigt. Von hierher bezieht er sein Selbstbewußtsein, seine Selbstachtung, sein Verständnis von Selbstverwirklichung. Die Kompromißbildung ist also der elementare Versuch, in der Unversöhntheit mit dem Selbst dennoch in psychischem und sozialem Frieden leben zu können. Sie ist der oft scheiternde Versuch, in einer Welt der Unversöhntheit, Versöhntheit zu schaffen.

(2) Die Unversöhntheit mit Gesellschaft

Daß viele Menschen zu gesellschaftlichen Systemen ein eher gebrochenes Verhältnis haben, kann nach dem Gesagten nicht verwundern. Die Werteordnung, die solche Systeme nahelegen, manchmal gar aufzwingen, ist hingeordnet auf das oberste Systemziel: den Systemerhalt. Werte wie Leistung, Besitz, Erfolg, Konkurrenz, Kampf ... stellen sich funktional in den Dienst des Systemerhalts. Personale Werte wie Solidarität, Zuneigung, Friedfertigkeit, Freundschaft, Vertrauen ... kommen zu kurz (ihre Heimat ist die Kommunikationsgemeinschaft). So kann es nicht verwundern, wenn viele Menschen ein schmarotzerisches Verhältnis zur Gesellschaft entwickeln, während die Fähigkeit zur sozialen Symbiose zunehmend geringer wird. Das System geht geradezu davon aus, daß es letztes Ziel der Interaktionen von Personen mit Systemen ist, das System, soweit es irgend möglich ist, zu melken. Das Anspruchsdenken ist da »normal«, wo Menschen Gesellschaft entpersonalisieren, in ihr nicht mehr einen Verbund von ihresgleichen sehen. So ist es erklärlich, daß Systeme ihr Verhältnis zu Personen durch Gesetze zu bestimmen suchen – und das möglichst lückenlos. Dabei kommt eine bloß funktionale Gerechtigkeit heraus, die Personen auf Rechtssubjekte reduziert, oft unter dem Anspruch von Rechtssicherheit und von Gleichheit vor dem Gesetz. Verbunden mit solcher Systembildung ist die Ausbildung einer wirksamen Bürokratie, die das Ziel hat, die Allgegenwart des Systems und seiner Aktivitäten »gerecht« ablaufen zu lassen. Die Bürokratie übernimmt dabei viele der Zwangsfunktionen, deren das System zu seinem Erhalt bedarf, da es sich nicht über die innere Bindung der Personen an Gesellschaft stabilisieren kann.

In dem gleichen Umfang, in dem die demokratische Organisation von Systemen äußere Freiheit zunächst sichert, muß sie sie über bürokratische Maßnahmen kanalisieren und regulieren, wenn sie nicht die Systemstabilität gefährden will. Daß die Selbstdefinition einer Person von den Beziehungen zu systemisch organisierten Gesellschaften her nicht möglich ist (es sei denn im Gegensatz, in Feindschaft gar zu ihnen), mag einsichtig sein. Systeme liefern keinen Sinn an, sie sind – in personalen Kategorien gedacht – sinnleer oder sinnlos.

Das soll nicht bedeuten, daß sie überflüssig seien. Vermutlich sind die komplexen Interaktionen, die Menschen in einer hochindustriealisierten Gesellschaft eingehen, nicht anders zu ordnen als über Systembildung. Es wäre vermutlich abstrakt utopisch, die Abschaffung von Systemen zu fordern. Sie sind zu unserem unausweichlichen Schicksal geworden – vergleichbar der Verschmutzung von Luft und Wasser.

Wie schon gesagt, liegt die Gefahr der Systembildung in der Tendenz, systemische Organisation und systemisches Denken zu universalisieren, und damit Kommunikationsgemeinschaften in den Bereich der Subkulturen und der privaten Idylle abzudrängen, die von Menschen als Refugium gewählt werden, die kaum funktional ins System gebunden sind (Aussteiger, Jugendliche, Studenten, Rentner).

Die Unversöhntheit mit Gesellschaft meint aber auch etwas anderes: die Rücknahme von Person auf Individuum. In der Sprache der Neuzeit bezeichnen – angewandt auf

Menschen – beide Begriffe nahezu Identisches. Das ist seit der Renaissance mit ihrer »Entdeckung des Individuums« ein Symptom unbewußter Asozialität.

Menschen sind in gleicher Ursprünglichkeit Individuen und Sozialwesen. Das Streben nach individuellem Nutzen ist gleich ursprünglich wie das nach gesellschaftlichem Nutzen. Seit der Renaissance mit ihrer Sozialvergessenheit ist diese Einsicht aus dem allgemeinen Bewußtsein weitgehend verschwunden. Das Verhältnis vieler Menschen zur eigenen Gesellschaftlichkeit ist zutiefst gestört. Und die Organisation von Gesellschaft stellt sich auf diesen Sachverhalt ein.

Nicht zufällig machte A. Smith das Motiv des Egoismus zum Leitprinzip der Ökonomie. Er suchte den privaten Egoismus sozial zu rechtfertigen: Wenn nur alle Menschen nach ihrem privaten Nutzen streben, stellt sich zugleich größter gesellschaftlicher Nutzen ein. Egoismus wird zum gesellschaftlich optimalen Verhalten. Es mag sein, daß eine nicht von außen (etwa durch politische oder soziale Instanzen) regulierte marktwirtschaftliche Ordnung nur so funktioniert. Man wird sich aber fragen müssen, ob wir nicht einen zu hohen Preis bezahlen: Personale Ethik wird durch Systemethik ersetzt.

In den vergangenen Jahren hat die Theorie Pierre Teilhards de Chardin neue Gesichtspunkte eingebracht, die für eine sinnvolle Selbstdefinition eines Menschen von seiner Sozialität her und damit für eine Verringerung der Unversöhntheit mit der eigenen Sozialität, erheblich werden können. Teilhard ist der Meinung, daß sich die Menschheit in einer Phase befinde, in der sie überpersonale Strukturen hervorbringt, vergleichbar etwa der Situation der Biosphäre vor ca. 3 000 000 Jahren, als sie daran ging, im Schoße des Lebendigen Selbstbewußtsein zu produzieren. Die Organisation der Materie schreite über

chemische, biologische und anthropologische Systeme zu
überpersonalen weiter. Für den religiös denkenden Teilhard war dieses überpersonale System das »milieu divin«,
das Gottesreich. Doch ist es nicht möglich, Teilhard zu
profanisieren und an die Weiterentwicklung des Kosmos
über uns Menschen hinaus in profaner Weise zu denken?
So sieht etwa F. A. von Hayek in der marktwirtschaftlichen Ordnung ein solches überpersonales System. Wäre
es das, ist es falsch, mit unserer beschränkten Rationalität
in die Abläufe einer qualitativ höheren Systemrationalität
ordnend einzugreifen, weil unser Eingreifen die Entfaltung der Systemrationalität stört. Man kann die Frage
stellen, ob man bereit ist, dieser höheren Rationalität
Menschen und ihr Glück zu opfern, denn es ist keineswegs gesagt, daß der Nutzen überpersonaler Systeme
auch Personen nützt. So ist ja auch der Nutzen des Menschen nicht unbedingt der des Lebendigen auf der Erde.
Andererseits ist kaum zu verkennen, daß zunehmend
mehr Menschen unter der Frustration ihrer sozialen Bedürfnisse und Begabungen zu leiden beginnen und daß
kollektivistische Ideen durchaus Zulauf haben können
(man denke nur an den Marxismus oder den Nationalso-
zialismus oder manche Jugendreligion). Es scheint also
ein Wandel des allgemeinen Bewußtseins hin auf mehr Sozialität in der Luft zu liegen. Der Individualismus der Renaissance scheint zu enden. Steht dahinter nicht vielleicht
doch ein evolutionäres Prinzip, nach dem die Natur ihre
Probleme so löst, daß sie immer komplexere Strukturen
schafft? Wie sollte sie dann das Problem, das sie sich mit
der Produktion menschlicher Vernunft aufgeladen hat,
anders lösen, als daß sie überpersonale Systeme hervorbringt?
Diese Einsicht könnte vielleicht helfen, sich mit konkreter Gesellschaft, mit wachsender systemischer Organisa-

tion von Sozialgebilden nicht nur abzufinden, sondern sie gar zu begrüßen. Steht nicht am Ende der Entwicklung der Menschheit die Hervorbringung einer übermenschlichen Menschheit als einer, als eines überpersonalen Systems? Für eine solche Menschheit zu leben und zu arbeiten, zu leiden und zu hoffen, scheint durchaus ein Aspekt zu sein, der in Sinnantworten eine Rolle spielen könnte.

Ferner gilt es zu bedenken, daß die Unversöhntheit vieler Menschen mit sich und ihrer Gesellschaftlichkeit nicht nur negative Folgen hat. Diese Unversöhntheit ist die Bedingung der Möglichkeit zu lieben, zu hoffen, zu vertrauen, zu glauben, sich zu freuen, zu leiden ... denn alles dieses hat zur Voraussetzung, daß ich noch nicht am Ziel bin, daß ich noch auf dem Wege bin, ohne zu wissen, ob das Ziel, auf das ich zugehe, das »richtige« ist.

(3) Die Unversöhntheit mit Geschichte

In uns allen verdichtet sich nicht nur unsere eigene Vergangenheit, sondern auch die der sozialen Gebilde, aus denen wir hervorgehen, die unsere kulturelle und soziale Persönlichkeit bestimmen.

Doch ist zunächst die Unversöhntheit mit der eigenen Geschichte zu nennen, die es uns schwer macht, realitätsdichte Sinnantworten zu geben.

Die Unversöhntheit mit der eigenen Geschichte ist bei vielen Menschen eng verbunden mit der Selbstinterpretation vom Ichideal her. Was nicht in die Schablonen dieses Ideals paßt, wird aus der Selbstdefinition eliminiert. Erinnerungen und Vorstellungen, die uns unangenehm sind, werden entweder verdrängt und so aus dem Bewußtsein getilgt oder so lange uminterpretiert, bis sie mit unserem Idealbild übereinstimmen. Das aber bedeutet Lebenslügen in die Selbstdefinition einzufügen, die notwendig zur Realitätsentfernung führen. Wer sich nicht in etwa so sehen kann, wie er ist, wird mit einiger Sicherheit seinen Lebenssinn verfehlen, wird oft eine nekrophile (das meint lebenswidrige) oder eine ineffiziente Sinnantwort geben. Die Fähigkeit, sich seiner eigenen Vergangenheit (und das schließt auch immer die Gegenwart mit ein) zu stellen, sie als die eigene zu akzeptieren, ist die Voraussetzung für jede mit Vernunft gegebene Sinnantwort. Es gilt keineswegs, die eigenen Ideale zu zerstören, aber es gilt, sich selbst auch da zu akzeptieren, wo die eigenen Handlungen und die eigenen Einstellungen mit den Idealen nicht verträglich sind. Religiöse Zeiten nannten die Fähigkeit, sich selbst so zu sehen, wie man ist, »Demut«, eine Haltung, die in einer Zeit, in der nur Größe und Perfektion, nur Leistung und Erfolg, nur Expansion des eigenen Einflusses nach außen zählen, als negativ, weil die Illusion von der eigenen Gottähnlichkeit zerstörend, interpretiert wird. Nur Narren und Heilige haben das Recht, demütig zu sein. Andere Menschen sind allenfalls bescheiden (wenn Bescheidenheit mit dem Ichideal verträglich ist). Dennoch sei wiederholt: Nur demütige Menschen sind in der Lage, eine realitätsgerechte und damit vernünftige Sinnantwort zu geben.

Doch auch die Unversöhntheit mit der großen Geschichte spielt in nicht wenigen Menschenleben eine beachtliche Rolle. Sie zeigt sich in nationalen, familiären, religiösen, rassischen, schichtenspezifischen … Vorurteilen. Immer kommt es darauf an, die eigenen Herkunftsgesellschaften besser zu machen als die anderer Menschen. Die Geschichte der eigenen sozialen und kulturellen Herkunft wird in den Dienst des Selbstwertgefühls, der narzißtischen Homöostase (das Bestreben mit sich selbst im Gleichgewicht zu bleiben – das wichtige Ziel jener Kompromißbildung, auch der, die sich in der Sinnantwort praktisch macht) gestellt. Wer die nationale oder religiöse oder familiäre oder schichtenspezifische Geschichte so sieht und beschreibt wie sie, realitätsdicht gesehen, war, gilt als Nestbeschmutzer. Wer sie so sieht, daß es möglich wird, aus ihr Selbstwert zu stabilisieren, wird als »objektiv«, redlich und bedeutend gefeiert.

(4) Die Unversöhntheit mit der Welt

»Welt« begegnet unserer Erfahrung niemals als ganze, sondern immer nur in Ausschnitten, aus denen dann unsere Vernunft eine Einheit herstellt. Wichtig ist es zu erkennen, daß »Welt« abhängig ist von den Erfahrungen eines konkreten Menschen mit Objekten (Objekte sind alles, was nicht zum Selbst gehört). Mit diesen Objekten, mögen sie nun belebt sein oder nicht, mögen sie Menschen sein wie wir oder nicht, hat jeder Mensch grundlegend andere Erfahrungen gemacht. Diese Erfahrungen hängen weitgehend davon ab, welche Inhalte er in sein Selbst hineingenommen hat (von seinen »Selbstrepräsentanzen« also) und welcher Art (ob verschwommen oder deutlich, ob stabil oder wechselnd, ob feindselig oder freundlich) die Grenze zwischen Selbstwelt und Objektwelt ist. Der Inbegriff »Welt«, den wir dann durch die ordnende und einheitstiftende Tätigkeit unserer Vernunft bilden, strukturiert den Bereich aller Objekterfahrungen und macht ihn konsistent.
Die Unversöhntheit mit der Welt kann sicher ihren Grund darin haben, daß die Vernunft auf Grund sehr inkonsistenter Erfahrungen über Objekte keinen realitätsdichten Begriff von »Welt« bilden konnte, wenn solche Inkonsistenzen nicht durch realitätsgerechte Hierarchi-

sierungen geglättet werden konnten. Diese Form der Unversöhntheit findet sich in fast allen Bildern, die sich Menschen von Welt machen, wieder.

In den meisten Weltbildern wird der Gegensatz zwischen dem (natürlich) Guten und Bösen mythisch erklärt. Entweder wird ein ursprüngliches Prinzip des Bösen angenommen (Manichäismus, Parsen …) oder dieses wird auf einen »Abfall vom Guten« zurückgeführt (Teufel in den christlichen oder muslimischen Religionen). Die Erfahrung des Naturbösen (d.h. des Bösen, das nicht durch menschliches Verschulden in die Welt kommt), wie etwa das von Naturkatastrophen, vom Leid der Kinder, vom Sterbenmüssen, kann wohl nur mythisch befriedigend gedeutet werden. Mythen haben die Funktion, Unerklärliches erklärlich und damit wenigstens intellektuell und emotional beherrschbar zu machen. Durch die mythischen Einschlüsse in Weltbildern gelingt es, eine erträgliche Konsistenz herzustellen und damit ein Maximum an Versöhntheit.

In einer Gesellschaft aber, in der Mythen als widervernünftig abgetan werden, als Dokumente von Unaufgeklärtheit, besteht kaum mehr die Chance, ein konsistentes Weltbild aufzubauen. Man hilft sich dann nicht selten, indem man partielle Bilder von Welt konsistent produziert und sie für das Ganze setzt. Hierher gehört etwa des Kopernikus heliozentrisches Weltbild, dessen Bedeutung nicht darin bestand, daß es (fälschlich) die Sonne in die Nähe des Mittelpunkts der Welt rückte, sondern darin, daß es den Menschen aus dem Mittelpunkt der Welt herausnahm. Die vorkopernikanischen anthropozentrischen Weltbilder waren damit keineswegs überwunden. Wir Menschen neigen noch immer dazu, uns für den Nabel der Welt zu halten, für das Wichtigste und denkbar Höchste, das unser Kosmos zu produzieren in der Lage ist, doch scheinen wir auf dem rechten Weg zu einer »kosmischen Bescheidenheit« zu sein.

Das kopernikanische Weltbild wurde abgelöst vom Weltbild der Physik. Hier war durch einige Jahrhunderte besonders das mechanistische Weltbild erfolgreich, das die Gesetze der Newtonschen Mechanik nicht nur auf nahezu alle Bereiche der Physik ausdehnte, sondern, weil alles in dieser Welt aus physikalisch beschreibbaren Einheiten (Elementarteilchen) aufgebaut sei, auch auf alles andere: das Leben, die Vernunft, die Geschichte ... Solche generalisierten Teilweltbilder beherrschen auch heute noch die Weltwahrnehmung vieler. Zwar gibt es heute kein Weltbild der Physik oder der Astronomie mehr als Standardweltbild. Wir begegnen vielmehr einer Fülle von oft persönlich gestalteten Weltbildern. Es gibt Menschen mit ökonomischen, mit sozialen, mit historischen, mit pädagogischen, mit psychologischen, mit politischen, mit soziologischen ... Weltbildern. Das soll heißen, die Weltorientierung vieler Menschen geht aus von einer Wissenschaft (bevorzugt sind das heute Handlungswissenschaften). Die Theorien dieser Wissenschaft werden zum Weltbildkern, von dem dann Orientierungen ausgehen auch in die Bereiche, die nicht von dieser Wissenschaft abgedeckt werden.

Das Weltbild eines Menschen ist weitgehend bestimmend für seine Interessen, die erkenntnisleitenden wie die handlungsleitenden. Die Art des Weltbildes bestimmt die Strategien und die Weise des Einrichtens in Welt. Das Weltbild ist gleichsam die Hypertheorie, die übergreifende Erklärung, die wir für alles vorgegeben haben, was wir als sinnvoll erfahren können. Erfahrungen, die nicht in unser Weltbild passen, werden entweder nicht zum kritischen Bewußtsein zugelassen, oder sie werden in ihrer Bedeutung heruntergespielt. Wir sind nicht in der Lage, mit Sinnlosem umzugehen. Deshalb geben wir allen Erfahrungen Sinn. Diesen Sinn beziehen wir aus unserem Weltbild. Paßt sich eine Erfahrung nicht ins Weltbild ein, wird sie umgedeutet, belanglos gemacht oder geleugnet. Hier wird ganz offensichtlich, daß zwischen Sinnantwort und Weltbild sehr enge Wechselbeziehungen bestehen.

Es sind das ganz ähnliche Wechselbeziehungen wie zwischen den Vorstellungen (Repräsentanzen), die wir von unserer Selbstwelt und von unserer Objektwelt haben. Beide sind eng aufeinander bezogen, definieren sich gegenseitig, können nicht ohne einander sein. Die Art der Unversöhntheit mit der Welt, die von Mensch zu Mensch sehr anders sein wird, bestimmt weitgehend die Realitätsdichte unserer Sinnantworten.

Unsere Unversöhntheit mit der Welt hat mancherlei offensichtliche Symptome. Nur wenige Menschen verstehen sich als Kinder der Erde, nur wenige haben ein existentielles Verhältnis zu dem, was etwa dem Hinduismus und nahezu allen Naturreligionen selbstverständlich ist, daß die Erde unsere Mutter ist, vergleichbar durchaus der Mutter, die uns gebar. So wird diese Welt zur fremden, zum Gegner, den es zu besiegen, zum Besitzer, den es auszubeuten gilt. Die Welt ist uns fremd geworden, unheimlich, gefährlich, weil wir uns selbst fremd geworden sind. Wir haben uns von unserer Herkunft abgelöst.

Unsere Welt ist an erster Stelle jene Kulturwelt, die wir mit unserem Geist, unseren Wissenschaften, unseren Religionen, unserer Technik selbst gebaut haben. Das Einrichten in Welt bedeutet für viele Menschen ein Einrichten in Kulturwelt (in die technische, die soziale, die ökonomische, die religiöse, die politische, die nationale, die ästhetische ... Kultur). Wer sich in dieser Welt zurechtfindet, hat erhebliche Selektionsvorteile gegenüber Menschen, die sich vorwiegend an Naturwelt orientieren. Er hat sozialen Erfolg. Und doch hinterläßt solcher Erfolg einen bitteren Nachgeschmack. Wenn das, was wir über die Regeln der Evolution zu wissen meinen, einigermaßen stimmt, ist dieser Selektionsvorteil nur Schein. Wer sich an eine Kulturwelt anpaßt, die der Naturwelt entgegen ist, gerät schließlich in Nachteil, weil nur die Anpassung an die Naturwelt auf die Dauer Überleben sichert. Das scheinen allzu viele, vor allem nahezu alle, die Gesellschaft führen, vergessen zu haben. Und so steuern sie in ihrer Weltvergessenheit, in ihrer radikalen Unversöhntheit mit Welt, diese Erde, zumindest aber die Menschen auf dieser Erde, unaufhaltsam in die Katastrophe.

Es gehört schon ein gutes Maß an Naivität dazu, zu meinen, man könnte durch Demonstrationen oder Proteste das Bewußtsein der Herrschenden ändern: Daß sie sich von den Gesetzen und Zwängen der der Naturwelt widersprechenden Kulturwelt ablösen und sich in die Spielregeln der Natur fügen. Verdanken sie doch alle Herrschaft eben dieser Kulturwelt (der ökonomischen, politischen, sozialen, kulturellen). Von hierher können wir leicht ein Postulat für eine vernünftige (d.h. realitätsdichte) Sinnantwort aufstellen: Es ist das der bewußten Nähe zur Naturwelt. Das Biophilie-Postulat trägt dieser Nähe zureichend Rechnung. Die praktische Organisation der Orientierung nahezu ausschließlich an unserer Kulturwelt, die, kaum bestreitbar, Naturwelt in vielem zuwider ist, hat als nekrophil zu gelten.

(5) Die Unversöhntheit mit den Grenzen

Daß wir Menschen unter jeder Rücksicht allseitig begrenzte Wesen sind, müssen wir erst langsam lernen. Im Bewußtsein vom Selbst sind Grenzen nicht enthalten. Die

Ausbildung des *Ich* ist jedoch schon Folge von Grenzerfahrungen. Lust läßt sich nicht beliebig gewinnen, Unlust nicht stets vermeiden. Um ein Optimum an Lust zu gewinnen und Unlust möglichst auszuschließen, müssen wir uns an unsere soziale Mitwelt anpassen. Unser früher Narzißmus, der uns absolute Lustgewinnautarkie vorgaukelte, erfährt seine erste Grenze. Um mit dieser Grenze fertigzuwerden, bilden wir nacheinander die verschiedenen psychischen Instanzen aus. Diese Ausbildung wird abhängen von der mehr oder weniger realitätsdichten Sicht und Anerkennung der eigenen (sozialen) Grenzen. Man kann durchaus sagen, daß unsere psychische Struktur die wesentliche Funktion hat, uns in einer Welt mit (sozialen) Grenzen psychisch und physisch überleben zu lassen. Alle psychischen Strategien dienen an sich der Sicherung des Überlebens. Im pathologischen Fall sind sie jedoch ineffizient. Unser psychisches System hat also vor allem die Funktion, einen Mangel, der in ihm selbst grundgelegt ist, zu beheben: den Mangel, nicht schon im Selbstbewußtsein über das Implikat der eigenen Grenzhaftigkeit zu verfügen.

Welches sind nun die Grenzen, mit denen wir fertigwerden müssen? Es sind die Grenzen unserer Lebensdauer, die Grenzen unserer Einflußexpansion, die Grenzen unseres intellektuellen und sozialen Verstehenkönnens, die Grenzen unserer Kraft und unserer Gesundheit, die Grenzen unseres Strebens nach Lustgewinn und Unlustvermeidung, die Grenzen sozialer Anerkennung und beruflichen Erfolgs, die Grenzen unserer politischen und ökonomischen, unserer kulturellen und sozialen Möglichkeiten, die Grenzen, die der Entfaltung unserer Kompetenz gegeben sind …

Wie schon gesagt, ist es nicht nur die wichtigste Aufgabe unseres psychischen Systems, die Erfahrung solcher

Grenzen erträglich zu machen, sondern die Grenzerfahrungen sind der Grund der Ausbildung des psychischen Systems.

Offensichtlich erfuhr und erfährt jeder Mensch Grenzen anders. So wird also jeder Mensch ein anderes psychisches System aufbauen. Problematisch wird es, wenn *nach* dem Aufbau der psychischen Strukturen Grenzen erfahren werden, für die kein Bewältigungsmechanismus bereitsteht. Ich will die dann meist gewählte Strategie am Beispiel der intellektuellen Grenzen (die in diesem Fall zugleich auch soziale sind) aufzeigen:

Was geschieht, wenn wir aufgefordert sind, eine Erfahrung, die keinen Platz in unserem Weltbild hat, intellektuell aufzuarbeiten? Zunächst werden wir auf die schon erwähnten Mechanismen der Verleugnung, der Bedeutungsminderung, der Uminterpretation zurückgreifen. Wenn aber diese Mechanismen nur unzureichend funktionieren, setzen wir Vorurteile ein. Hier seien aus der großen Zahl der Vorurteilstypen zwei herausgestellt: *Bliks* und *Standards*.

Der *Blik* ist ein Vorurteil, dem keine Erfahrung widersprechen kann. Alle möglichen Erfahrungen werden im Rahmen des Bliks wahrgenommen und interpretiert. Verfügt ein Mensch etwa über den Blik: »Die Amerikaner sind friedliebender als die Russen!«, wird er alle möglichen und denkbaren politischen Erfahrungen, die er über die Politik der beiden Weltmächte USA und SU macht, im Rahmen dieses Bliks interpretieren. Selbst, wenn die USA einen Angriffskrieg gegen die SU führen würden, wäre das nichts anderes als ein Ausweis ihrer Friedensliebe. Selbst, wenn die SU die kriegerischen Einsätze in Afghanistan beenden würde, wäre das nichts anderes als ein Beweis für ihre kriegerische Haltung, die allein durch die friedliebende Politik der USA in Schranken gehalten

wird ... *Tatsächlich* sind alle die beiden Weltmächte be-
treffenden militärischen Ereignisse seit Bestehen der
Konfliktsituation zwischen den USA und der SU ambiva-
lent (lassen also eine Interpretation zu, die sowohl für als
auch gegen die Friedensliebe der SU oder der USA
spricht). Bliks sind solange harmlos, als sie nicht zu einer
Fehlinterpretation der politischen oder militärischen, der
ökonomischen oder sozialen Lage führen.
Bliks haben die positive Funktion, psychisch und sozial
zu entlasten. Sie geben ein Interpretationsraster vor, das
es erlaubt, viele schwierig zu deutende Ereignisse auf
simple Muster zurückzuführen.
Nicht selten jedoch bedeuten Bliks Realitätsablösung –
und das in doppelter Hinsicht:

• Die Ablösung von sozialer Realität wird mittelbar besorgt durch das Ende der Kommunikationsfähigkeit.
  Kommunikationsangebote, die einen Blik in Frage stellen oder auch nur ernsthaft gefährden können, werden
  mit deutlichem emotionalem Einsatz, der von der Sache her allein nicht gerechtfertigt werden kann, zu-
  rückgewiesen oder abgewehrt. Gerade diese inadäquat
  emotionale, die Kommunikation störende oder abbre-
  chende Reaktion ist es, die uns sicher sein läßt, einem
  eigenen oder fremden Blik zu begegnen. Wir verteidigen unsere Bliks mit so erheblichem aggressivem Einsatz, weil sie wesentlicher Bestandteil unseres Weltbildes geworden sind, weil gegen sie gerichtete Angriffe
  oft genug Implikate unserer Sinnantwort berühren,
  weil sie uns eine sichere (wenn auch nicht immer realitätsgerechte) Interpretation von Erfahrungen erlauben,
  weil sie Sinn geben, weil sie Ereignisse verständlich, er-
  klärbar machen. Der Verlust eines Bliks bedeutet die
  ängstigende Konfrontation mit dem Unsinn.

● Die Ablösung von Realität überhaupt, insofern Realität in aller Regel nicht den simplen Interpretationsmustern des Bliks entspricht. Die meisten Bliks sind Wahnvorstellungen vergleichbar, unter denen wir nur leiden, wenn sie nicht die unserer sozialen Umwelt sind. So leidet ein Mensch, der der Auffassung ist, er würde von Detektiven beobachtet, sehr wahrscheinlich unter einer Wahnvorstellung, die es ihm erlaubt, viele Erfahrungen zu interpretieren. Sollte ein anderer versuchen, ihm diese Wahnvorstellung auszureden, wird er in den Wahnkomplex miteinbezogen. Er steht dann im Dienst der Verfolger. Das ist allen Bliks gemeinsam: Werden sie angegriffen, bedeutet das Verstärkung und Bestätigung.

Wahnvorstellungen (mögen sie nun durch die soziale Umwelt gedeckt sein oder nicht) bedeuten stets partiellen Realitätsverlust. Eine Sinnantwort, in die mittelbar oder unmittelbar Bliks eingehen, ist also widervernünftig und wesentlich nekrophil (lebensmindernd).

Ein anderer Vorurteilstyp ist der *Standard*. Standards stabilisieren Entscheidungen. Entscheide ich mich für eine bestimmte politische, ökonomische, religiöse, soziale, kulturelle Orientierung, entscheide ich mich für einen bestimmten Beruf oder einen bestimmten Partner, sind mit dieser Entscheidung Wertfestlegungen verbunden, wenn ich die objektive Wert- und Sinnhaftigkeit meiner Entscheidung voraussetze. Diese Wertvorgaben stabilisieren meine Orientierung bzw. meine Entscheidung. Wird ihre Werthaftigkeit bezweifelt, kommt es zu ähnlichen Reaktionen wie bei einem Angriff auf einen Blik, wennschon die ausgelöste Aggression in aller Regel leichter beherrschbar bleibt, als wenn ein Blik in Frage gestellt wird. Obschon auch Standards relativ stabil sind, weil auch sie die narzißtische Homöostase eines Menschen stabilisieren, Sinn und Ordnung schaffen, Wertorientierungen geben, können ihnen Erfahrungen widersprechen. Solche widersprechenden Erfahrungen müssen nicht abgewehrt werden. Sie können in einen *Diskurs* führen. »Diskurs« bedeutet eine Form der Kommunikation, in der beide Partner ihre Standards in Frage stellen, mit dem Ziel, eine optimale Annäherung an Realität zu erreichen. Wichtig ist, daß *beide* Partner ihre Standards zur Disposition stellen.

Man sprach in der Vergangenheit oft von Dialog. Zumeist war damit aber eine Kommunikationsform gemeint, in der einer der Partner vom anderen bekehrt werden sollte oder doch die eigene Position nicht zur Disposition gestellt wurde. Daß solche Dialoge nichts mit Diskursen zu tun haben, ist evident. Die Diskursfähigkeit ist den meisten Menschen verlorengegangen. Sie setzt ein erhebliches Maß an beherrschter kommunikativer Ethik voraus. Es wurde schon darauf verwiesen, daß die Sinnfrage vernünftig nur kommunikativ beantwortet werden kann. Diese Einsicht läßt sich nun ergänzen: Die Sinnfrage läßt sich vernünftig nur beantworten im Diskurs, indem ich eine vorläufige Sinnantwort zur Disposition stelle – und das in der Begegnung mit einem Menschen, der ganz das gleiche tut.

Wie wird das Umgehen mit eigenen Grenzen nun optimal erlernt. Ich vermute, daß dieser Lernprozeß in der frühen Kindheit – mit der Ichbildung, und der damit verbundenen Ausbildung von Bedürfnissen und Emotionen – begonnen werden muß. Lernt ein Kind seine Grenzen zu akzeptieren und nicht narzißtisch zu verleugnen oder anders abzuwehren, ist der Grundstein gelegt für eine gesunde psychische Entwicklung. Ein Kind kann aber nur lernen, sinnvoll seine Grenzen zu akzeptieren, wenn die Grenzerfahrungen nicht übermäßig leidvoll sind, also die Erfahrung von Grenzen in keiner Weise sein soziales Ansehen oder die elterliche Zuwendung gefährden. Grenzerfahrungen dürfen auf keinen Fall mit Angst-, Scham-, Schuld- oder Mindergefühlen verbunden werden. Was einmal an solche Negativemotionen gebunden worden ist, wird nicht mehr in die Persönlichkeit integriert, weil eine Integration von Negativem hohe Unlust bereitet.

In einer narzißtisch geprägten Welt, in der die Erfahrung von Grenzen negativ gedeutet wird, ist eine positive Integration von Grenzerfahrungen (und dem daraus folgenden Grenzbewußtsein) kaum mehr möglich. Menschen, die das Göttliche nicht mehr außer sich verehren, sondern in sich suchen, können in Gefahr sein, sich selbst zum eigenen Gott zu machen. Und Götter kennen keine Grenzen. So ist denn vermutlich zu einer realitätsdichten Sinnantwort ein gewisses Maß von Religiosität, die nicht theistisch sein muß, wohl aber die eigene Grenzhaftigkeit positiv deutet, notwendig.

IV.

Das Auftauchen der Sinnproblematik

Im Vorhergehenden wurde über die psychologischen Gründe der Sinnproblematik nachgedacht. Wir erkannten die menschliche Unversöhntheit als einen der wichtigsten Gründe für das Auftauchen von Sinnfragen. Zugleich wurde versucht, auf pathologische oder doch pathogene Ansätze in der Unversöhntheitssituation hinzuweisen, die eine realitätsdichte Sinnantwort erschweren oder ganz unmöglich machen.

Im Folgenden wollen wir der Frage nachgehen, wie es kommt, daß die Sinnfrage heute zentral geworden ist im menschlichen Fragen. Offensichtlich hat die Unversöhntheit neue Dimensionen erreicht oder stellt sich in neuen Gestalten vor. Diesen ist nachzugehen. Doch zunächst ist zu fragen, was »Sinn« semantisch bedeute. Bislang sind wir von einem eher intuitiven Wortverständnis ausgegangen mit einem Primat emotionaler Bedeutungen.

In der Nähe heutiger Verwendung taucht das Wort »Sinn« 1883 (also vor gut 100 Jahren) zum ersten Mal bei W. Dilthey (»Einleitung in die Geisteswissenschaft«) auf. Dilthey meint, es gäbe kein letztes und einfaches Wort der Geschichte, das »ihren wahren Sinn ausspräche«, wie ja auch die Natur ihren Sinn nicht verraten würde. Die Unerkennbarkeit von Sinn sei Natur- und Geisteswissenschaften gemeinsam. Mit dieser Feststellung führt Dilthey nicht nur den Begriff »Sinn« ein, sondern stellt Sinn der Sache nach gleichzeitig in Frage. Wir Menschen leben in einer Welt ohne Sinn – zumindest ist solcher Sinn wissenschaftlich weder erhebbar noch rational zu sichern. Noch spricht Dilthey vom »Sinn der Geschichte«, aber von hierher ist es kein weiter Weg zum Sinn des Lebens. Vermutlich war die Erkenntnis der Sinnlosigkeit der Geschichte, die Einsicht in ihren ateleologischen Verlauf, ein Grund für das Auftauchen der persönlichen Sinnfrage, denn ein Mensch, der sich in historischen Sinn eingebettet erfährt, wird kaum die Frage nach dem persönlichen Lebenssinn mit existentiellem Interesse stellen.

Die Frage, ob die Geschichte auf ein Ziel hinlaufe, von dem sie Sinn beziehen könne, ist zunächst eine religiöse Frage des jüdischen Denkens. Jüdische Religiosität entstand in der Reflexion über die Geschichte (und Vorgeschichte) des Volkes Israel. Israel erfuhr in seiner Geschichte, es sei ein »auserwähltes Volk« und sah Jahwe als den Führer und Lenker seiner Geschichte. Jahwe würde Israel führen in das Reich des Messias, in das Land des ewigen Heils.

Jesus von Nazaret nahm diesen Gedanken auf. Mit Johannes, dem Täufer, sah er im kommenden Gottesreich den Sinn von Geschichte. Seine Jünger stellten ihn an den Anfang dieses Reichs. Sein Leben und seine Lehre seien exemplarisch für das kommende Gottesreich.

Die Geschichtsphilosophie von Kant bis Marx wurde zum profanen Pendant der alten Geschichtstheologien. Dabei erweist sich vor allem Marxens Lehre vom kommenden Reich der »Freiheit von Entfremdung«, die Utopie des vollendeten Kommunismus, in dem Menschen zu ihrem Wesen, zu ihrer Totalität finden, als stark von jüdischen und christlichen Vorstellungen beeinflußt.

Bis zum heutigen Tag sind profane oder religiöse Sinnbegabungen von Geschichte für Menschen, die sich unter ein entsprechendes ideologisches System stellen, ein durchaus zureichender Ersatz für eine persönliche Sinnantwort. Das Eingebettetsein in einen großen Sinnzusammenhang erspart die Erfahrung der Sinnlosigkeit des eigenen Lebens. Von hierher erhalten die religiösen Versprechungen, eine Sinnantwort geben zu können, ihr relatives Recht. Von hierher erhalten die marxistischen Verheißungen und Hoffnungen ihre relative Bedeutung. Gläubige Christen oder Marxisten, deren Religiosität noch von keinem Zweifel angenagt ist, fragen selten existentiell betroffen nach dem Sinn des persönlichen Lebens. Das Nicht-Auftauchen einer existentiell erheblichen Sinnfrage kann gleichsam als Maß der ideologischen Geborgenheit gelten.

Die hermeneutische Philosophie der Gegenwart beschäftigte sich ebenfalls intensiv mit der Frage nach dem Sinn von Geschichte und Natur. Sie verweist meist darauf, daß die Frage nach der Bedeutung von Geschichte und der Realität von Natur keineswegs Teleologie voraussetze. Etwas kann auch Bedeutung haben, wenn es ohne bestimmtes Ziel ist. Ereignisse und Sachverhalte haben Bedeutung, wenn sie verstanden werden können. Im Verstehen werden Vorwissen, Erfahrung, Denken und Sprache einerseits und neue Wahrnehmungen andererseits aufeinander bezogen und legen sich gegenseitig aus. Hier gilt es, der Gefahr zu entgehen, hinter jedem Ereignis oder jedem Sachverhalt, einen »verborgenen Sinn« zu entdecken, ein Bemühen, das für Paranoiker (Wahnkranke) typisch ist. Da der Begriff des Verstehens auch für einen rational geführten Diskurs über Sinn von zentraler Bedeutung ist, sei er hier ein wenig ausgedeutet. Stellen wir uns die Frage: »Was heißt das: Ich verstehe diesen Satz!«?

Das meint sicher nicht nur, daß ich seine semantische Bedeutung oder auch die semantische und die emotionale Bedeutung und die emotionale und Bedürfnisbesetzung des von diesem Satz Bezeichneten zutreffend wahrnehme. »Verstehen« meint vielmehr – nach H.G. Gadamer – einen Lebensvollzug, d.h. im Verstehen vollzieht und realisiert sich psychisches und soziales Leben, wird psychisches und soziales Leben betroffen. Verstehen spielt deshalb im Bereich des Biophilie-Postulats eine erhebliche Rolle.

Verstehen fragt, insofern alles Verstandene zum Weiterfragen fordert. Es fragt weiter in die Sinnmöglichkeiten weiterer Antworten. Es ist offen für alles, was Sinn hat (= was verstanden werden kann). Verstehen steht also stets am Anfang immer neuer Sinnerschließung. Verstehen ist niemals Besitz, ist niemals am Ende. Je mehr ich verstehe, um so mehr öffnen sich mir neue Fragen, die den Bereich des möglichen Sinns stets aufs neue dehnen.

Verstehen ist also auf Sinn aus, es ist ein Vorgriff auf eine nie erreichbare Sinnvollkommenheit. Verstehen kann ich nur, wenn ich vermute, daß das sich zum Verstehen Anbietende Sinn habe. Verstehen setzt also keine Wissensvermutung voraus (wie Heidegger lehrte), sondern eine Sinnvermutung.

Offensichtlich ist »Verstehen« eine personale Kategorie. Damit wird deutlich, daß auch »Sinn« eine personale Kategorie ist. Die Schwierigkeiten der Wissenschaften, solche personale Kategorien in individueller Füllung zu rechtfertigen, rühren daher, daß solche Inhalte in keiner Weise generalisierbar sind. Sie sind also adäquat nur von Wissenschaften zu behandeln, die es mit nicht-generalisierbaren Objekten zu tun haben: Das aber sind die hermeneutisch-historischen, deren Theorie noch sehr unzureichend entwickelt ist.

Wir wollen aus der modernen Hermeneutik lernen, daß es durchaus produktiv sein kann, auch dann von Sinn zu reden, wenn Zielorientierungen nicht im Spiel sind. Teleologie und Sinn schließen einander nur auf der Ebene rein funktionaler Betrachtung ein.

»Sinn« meint zunächst das Verständliche, das durch Verstehen Erklärliche. Das Unverständliche und – weil unverständlich – Unerklärliche hat keinen Sinn, ist sinn-los. Wir Menschen stehen unter erheblichem Zwang, Sinn zu finden oder Sinn zu gründen, wo er sich schon nicht – scheinbar wie von selbst – zeigt. Wir können im Unsinn nicht leben, ohne bald psychisch und sozial krank zu werden. Dieser Zwang zur Sinnbegabung ist derartig ausgeprägt, daß wir einen einmal erkannten Sinn nicht leicht aufgeben, selbst wenn erhebliche Erfahrungen unsere Sinnbegabung in Frage stellen. Darüber wurde schon im Kontext der Vorurteile gehandelt. Um unsere Sinnbegabung zu retten, sind wir nicht selten bereit, eher psychotische Strategien (etwa Wahninterpretationen) zu wählen, als von unserer Besinnung zu lassen. Das Wort »Wahnsinn« bezeugt eben diesen Sachverhalt.

Neben dieser ersten Bedeutung von Sinn gibt es eine zweite: »Sinn« meint jetzt: »Ein Gespür für etwas haben«. So gibt es einen Sinn für das Notwendige, für das Soziale, das Reale, einen Sinn für Erfolg, für Unterschiede, für den Geist der Zeit … »Sinn« meint hier die Fähigkeit, sensibel wahrzunehmen. Da solche sensibilisierte Wahrnehmungsfähigkeit auch für eine vernunftgeleitete Sinnfrage und Sinnantwort erheblich ist, wollen wir einen Augenblick dabei verweilen.

Die Wahrnehmungsfähigkeit eines Menschen für bestimmte Wahrnehmungsinhalte ist weitgehend abhängig von seinen Bedürfnissen. Ein Mensch, der Hunger hat, wird alles das, was seinen Hunger stillen könnte, sicherer und intensiver wahrnehmen als ein Satter. Ein Mensch, der erhebliche Anerkennungsbedürfnisse hat, wird hochsensibel sein für alles, was als Anerkennung oder als Verweigerung von Anerkennung gedeutet werden könnte.

Man unterscheidet zumeist psychische und soziale Sensibilität. Nicht selten gehen beide nicht zusammen. Es gibt häufiger Menschen, die zwar psychisch äußerst sensibel (etwa verwundbar gegenüber Kritik oder Mißerfolg) sind, aber Bedürfnisse und Emotionen anderer Menschen kaum wahrnehmen.

Welche Bedürfnisstruktur macht nun einen Menschen besonders sensibel für Sinnfragen und Sinnantworten? Es ist sicher jene Struktur, die aus einer intensiven (d.h. nicht unbedingt auch bewußten) Erfahrung der eigenen Unversöhntheit hervorgeht. Die Frage nach dem individuellen Lebenssinn vermittelt oft einen gewissen Leidensdruck, der sich in Unsicherheit, in Aktivismus, in allen Arten psychischer oder sozialer Lähmung, in Zukunftsangst, in übertriebener Vorsorge ... darstellen kann. Doch ist das Bewußtwerden solchen Leidensdrucks schon Folge einer Kompromißbildung. Offenbar kann sich die Psyche mit solchem Leidensdruck, solcher Unlusterfahrung leichter stabilisieren als ohne sie. Das aber ist, wenn man auch nur einigermaßen über das Funktionieren der Psyche informiert ist, nur so zu erklären, daß diese Leidenserfahrung eine noch größere verhindert. Die Sensibilität für die Sinnfrage, so lästig sie auch im einzelnen sein kann, verhindert eine tiefgreifende Labilisierung des Selbst, wenn sie an- und ernstgenommen wird. Es wäre also falsch, einer auftauchenden Sinnfrage bei sich oder anderen kein erhebliches Interesse zu schenken. Nur das Ernst-Nehmen der Sinnfrage kann, einmal die Realisation von Wiederholungszwängen ausgeschlossen, größeres Übel verhindern. Es geht also nicht an, die Sinnfrage etwa Jugendlicher nicht ernst zu nehmen und mit ausweichenden oder gar abwertenden Bemerkungen abzutun. Auftauchende psychische Sensibilität ist ein Signal einer labilisierten Kompromißbildung, während solide Sensibilität auf eine durchaus stabile Kompromißbildung verweisen kann, in der eben diese Sensibilität, dieser »Sinn für etwas«, eine erhebliche und oft sehr produktive Rolle spielt.

Eine dritte Bedeutung hat »Sinn«, wenn »Sinn des Lebens« gemeint ist. Zwar sind die Frage nach dem Sinn von Geschichte (oder auch Natur) und die Frage nach dem »Gespür für etwas« leicht hinzuordnen auf die Frage nach dem personalen Lebenssinn, doch sind sie im Prinzip von ihr unterschieden. Die Frage nach dem Lebenssinn fragt nach dem Lebensgrund, nach dem, worin mein Leben gründet (nach den archai meines Lebens). Dieser Sinn sagt mir, warum ich lebe, warum es besser ist zu leben, als tot zu sein, zu existieren, als nicht zu existieren. Er sagt mir, ob sich das Leben lohne, ob es glücken könne und unter welchen Umständen es glücken kann.

In dieser dritten Bedeutung wurde das Wort »Sinn« erst 1886 von Nietzsche (»Fröhliche Wissenschaft«) in die deutsche Sprache eingebracht. Nietzsche schreibt: »Indem wir die christliche Interpretation von uns stoßen und ihren Sinn wie eine Falschmünzerei verurteilen …«. Mit seiner Position kündigt Nietzsche die Zeit eines radikalen Anarchismus an. Radikal nenne ich einen Anarchismus, der das griechische »an-archo«, »an-arche« nicht nur auf die Verweigerung von Anerkennung oder Ausübung von Herrschaft bezieht, sondern auch auf die Leugnung jeden Existenzgrundes. Damit behauptet er eine radikale Sinnlosigkeit. J.P. Sartre realisierte in seinem dramatischen und philosophischen Werk diese Forderung nach Sinnfreiheit. Jede Sinnbegabung bedeute Begrenzung der Freiheit. Da aber das Wesen des Menschen Freiheit sei, bedeute jede Sinnbegabung auch eine Verkürzung des menschlichen Wesens, bedeute Inhumanität. In: »Die Fliegen« macht er deutlich, daß, wenn einmal die Freiheit in einer Menschenseele erwacht, die Götter nichts mehr gegen diesen Menschen vermögen. Hat sich ein Mensch also einmal von dem Zwang befreit, Sinn gründen oder suchen zu müssen, dann ist er wirklich autonom geworden – und niemand, auch nicht die Götter, vermögen etwas gegen ihn.

Solcher radikale Anarchismus spielt im Gewaltanarchismus eine nicht unerhebliche Rolle. Man wird das Verhalten etwa der deutschen »Terroristen« (ein funktionaler Ehrenname, den Sartre wirklich freien Menschen gab) kaum verstehen können, wenn man nichts über solche Sinnverweigerung weiß. Während der klassische Anarchismus jede Form der Gewalt gegen Personen ausschließt, weil sie eine Form der Herrschaft von Menschen über Menschen wäre, kennt der radikale Anarchismus solche Verbote nicht. Die einzigen Verbote bezieht er aus einer rigorosen Ethik der Freiheit, die im Unsinn gründet. Sie hat in der Beschränkung durch systematische Zwänge ihren ärgsten Gegner. Man kann auf die Erfahrung des Unsinns sehr verschieden reagieren. Die wichtigsten unproduktiven oder gar kontraproduktiven Reaktionen sind Trotz oder Klage.

Albert Camus hat in seinem »Mythos von Sisyphus« dem gegen Unsinn trotzenden Menschen ein unvergängliches Denkmal errichtet. Aber Camus selbst überwand das Leben, das glückende Leben, im Unsinn, indem er in der Revolte gegen den Unsinn Sinn erkannte und pries. Sicher ist die Revolte gegen den Unsinn durchaus Sinn begreifend und Sinn setzend. Für viele Menschen aber liefert die Revolte, der Protest, weniger Sinn als sie brauchen, um sich psychisch zu stabilisieren. Das soll nicht heißen, daß Revolte als »Sinn des Lebens« negativ zu werten sei. Ich kenne Menschen, die über lange Jahre hinweg ihrem Leben so durchaus einen erfüllten Sinn geben konnten. Vor allem für pubertierende Menschen kann eine solche Sinnbegabung notwendig oder doch nützlich sein: Sie erlaubt ihnen eine intensive Abgrenzung gegenüber den bestehenden Normen und Ordnungsstrukturen und kann so zu einer sinnvollen Bildung einer optimal-autonomen Persönlichkeit führen. Daß eine spätere gesellschaftliche Integration notwendig ist, sei unbestritten. Wir wissen jedenfalls, daß heftige pubertäre Revolten eine bessere Voraussetzung für eine gesunde psychische und soziale Entwicklung schaffen, als zu sanft verlaufende Pubertäten (Anna Freud).

Daß nicht wenige Menschen ihre pubertäre Konfliktkonstellation weit über die beginnenden Zwanziger hinaus bewahren, ist keineswegs schon ein Zeichen einer psychischen Störung. Sehr oft begegnen sie niemals einer Gesellschaft, die ihnen integrationsfähig oder -würdig erscheint – und das gelegentlich zu Recht.

Die Klage ist eine andere Form der Reaktion auf den erfahrenen Sinnverlust. Sie ist kontraproduktiver als die Reaktion in der Revolte. Solche Klage kann die verschiedensten Formen annehmen. Die verbreitetsten mögen sein:

● Die Proteste von Sinnvermissern (Maquard). Gemeint sind jene Zeitgenossen, die darüber lamentieren, daß ihnen das Leben keinen Sinn zuspiele. Sie erwarten, daß alles seinen Sinn haben müsse, und daß Sinn erkennbar sei. Sie loben die gute, alte Zeit, in der jedermann noch wußte, warum dieses oder jenes so und nicht anders war. Sie sehnen sich nach äußerer Ordnung, da sie nicht die Kraft haben, innere Ordnung zu schaffen. Sie benötigen zum Überleben ein äußeres Stützskelett, das von außen ihre psychische Desorganisation kompensiert. Solche »Sinnvermisser« können zu einer nicht unerheblichen Gefahr für eine freiheitlich organisierte Gesellschaft werden, in der ihnen weder innere noch äußere Zwänge genügenden psychischen und sozialen Halt geben. Hier wird sich eine Menge von kollektivistischem Potential anhäufen, das sich faschistisch oder marxistisch artikulieren kann. Der Halt im Kollektiv wird zum Ersatz einer rational verantworteten Sinnantwort.

● Die Resignation der »No-future-people«. Nicht wenige junge Menschen sehen für sich keine Zukunft in unserer Gesellschaft, die für sie so attraktiv sein würde, um von einem lohnenden Leben sprechen zu können. Sie beziehen ihren Lebenssinn oft ausschließlich von einer sinnvollen Zukunft her. Da diese aber unbefriedigend zu werden verspricht, erfahren sie keinen Sinn. Sie organisieren ihr Leben in Gleichgültigkeit vor dem Zukünftigen, in die sich allenfalls noch eine unartikulierte Angst einmischt, die aus der Sorge kommt, die latenten Hoffnungserwartungen könnten bitter enttäuscht werden. Mit der Einstellung, keine lebenswerte Zukunft zu haben, ist in den meisten Fällen eine Lähmung ernsthafter Aktivität verbunden, Welt so zu verändern, daß in ihr eine lohnende Zukunft möglich wird. Die Resignation vor der Zukunft führt zur Kapitulation vor der Gegenwart. Das einzige handlungs- und erkenntnisleitende Interesse ist darauf gerichtet, sie erträglich (wenn schon Sinn nicht möglich ist) zu gestalten. Und erträglich ist sie nur, wenn man das tun kann, was gerade Spaß macht.
Doch damit ist auch nichts, denn im Anspruch der

Sinnlosigkeit endet die Freude. Es kommt zum »Null Bock auf nichts«. Die Resignation überfällt auch die Gegenwart. Nichts lohnt mehr, nicht einmal der Protest. Nichts hat Sinn, nicht einmal das Selbstverständliche. So kann Lust nur gewonnen werden, Unlust nur vermieden werden, wenn es gelingt, eine Fluchtwelt aufzubauen und in ihr sein Leben einzurichten – ein Leben, das zwar keine Zukunft hat, wohl aber eine Gegenwart. Es liegt nahe, ein solches Leben mit Hilfe von Drogen erträglich zu machen, Drogen, die die Flucht oder den Rückzug in eine selbstgeschaffene Welt ermöglichen, in der wenigstens die Träume gelegentliche Lust schenken, wenn sie Gegenwart und Zukunft vergessen lassen. Und so wird alles gut, nicht weil es Lust verschafft, sondern weil es Unlust vermeidet, weil es Gegenwart und Zukunft vergessen läßt. Nur das hat Sinn, was dazu hilft.

Neben Protest und Klage gibt es noch eine Fülle anderer Möglichkeiten, unteroptimal Sinn zu suchen (und auf bescheidenem Niveau auch zu finden):

• Man kann sich einer religiösen Sinnsuchbewegung anschließen. Diese Bewegungen sind oft nach faschistischem Muster organisiert. Manche Jugendreligionen gehören hierher, aber auch fundamentalistische oder dogmatistische Bewegungen innerhalb der klassischen Religionen (Christentum, Islam, Judentum).
Hier wird die innere Sinn-Unsicherheit ersetzt durch ein sozialstabiles Gebilde, das seine Stabilität aus seinem Absolutheits- oder seinem Eliteanspruch bezieht. Unteroptimal sind solche Lösungen, weil sie Menschen die Eigenverantwortung für die Sinnbegründung im eigenen Leben abnehmen und mit kollektiven Sinnantworten zu kollektivistischen Verhaltensmustern und

Ideologien führen, deren Ausbildung nötig ist, um die kollektivistisch organisierte Religionsgemeinschaft zu stabilisieren. Das Mühen um die psychische Stabilität wird ersetzt durch das Mühen um die soziale der eigenen Religionsgemeinschaft – sehr zu deren Nutzen.

● Man kann sich altreligiösen Sinnformen zuwenden. Das geschieht etwa, wenn sich ein Mensch traditionalistischen Varianten seiner eigenen Religion zuwendet oder wenn er sich an alten Religionen anderer Kulturkreise orientiert. Die Begeisterung mancher Intellektueller der Zwischenweltkriegszeit für den Buddhismus, die Zuwendung nicht weniger Jugendlicher heute zu hinduistischen Sekten gehört hierher. Hier werden entweder die Tradition oder das Exotische zum Stützskelett gemacht, die ein Leben in einer Gesellschaft erlauben, die an sich keinen Sinn (mehr) zuspielt. Bindung ans Exotische und an Tradition sind Fluchtformen aus der Gegenwart. Das Bemühen, einem Leben in der Gegenwart Sinn zu geben, wird ersetzt und dispensiert. Daß mit einer solchen Sinnbegabung keine Strategie erworben werden kann, in der gegenwärtigen Welt optimal (d.h. biophil) und effizient Probleme zu lösen, ist offensichtlich. So neigen Menschen, die sich zu dieser Weise der Flucht aus der Gegenwart entschlossen haben, meist dazu, entweder mit alten Strategien (die sie erprobt nennen) neue Probleme zu lösen oder aber Probleme zu produzieren, für die sie Lösungsstrategien zur Verfügung haben. In beiden Fällen – der Flucht ins Exotische und der in die Vergangenheit – begegnen wir – im Fall der Traditionsorientierung zumindest – gesellschaftlich positiv gewerteten Formen des Aussteigertums. Sie werden vor allem von intellektuell wenig anspruchsvollen und leistungsfähigen Menschen gewählt, da sie ihnen die Mühsal ersparen, selbst nachzudenken.

- Man kann sich aber auch professionellen »Sinnproduzenten« zuwenden. Hierher gehören Ideologen, Therapeuten, Betreuer und andere »Sinnvermittler« (Schelski). Im Regelfall wird ein solcher Sinnvermittler zum Guru hochstilisiert. Persönliche Bindungen an den Guru lassen teilhaben an dessen Sinnkonzept und ermöglichen so eine Sinnantwort aus zweiter Hand. Solche Sinnantworten aus zweiter Hand sind immer dann unteroptimal, wenn sie nicht angepaßt sind an die persönliche psychische und soziale Situation des Sinnsuchenden.
Ein guter Therapeut wird auf zwei Dinge achten:
(1) Sein Patient wird zwar mit einer seiner persönlichen Situation entsprechenden Sinnantwort konfrontiert – das aber zu dem alleinigen Zweck, eine sozial und psychisch wünschenswerte neue Kompromißbildung zu gestatten.
(2) Er wird die emotionalen Bindungen, die zwischen ihm und seinem Patienten entstehen, stets in den Dienst der wachsenden Autonomie seines Patienten stellen. Versagt er auch nur in einem dieser Punkte, wird er tatsächlich zu einem »Sinnvermittler«, einem Guru.
Dieser Lösungsversuch ist unteroptimal, weil er in zunehmende Abhängigkeit führt, und, nach einer ersten möglichen Entfaltung des psychischen und sozialen Lebens, doch bald kein weiteres Wachstum mehr erlaubt. Die volle Realisation des Biophilie-Postulats ist nur einem Menschen möglich, der sich von allen lebensbeschränkenden Bevormundungen befreit hat: Leben entfaltet sich nur optimal, wenn die Quelle des

Lebens im Lebendigen selbst sprudelt. Die dauernde Abhängigkeit von einem Menschen aber beschränkt die Lebensentfaltung auf den Raum, den diese Abhängigkeit definiert. Und der ist oft recht klein.

Nicht wenige Menschen sehen auch in der Zugehörigkeit zu Gruppen eine Hilfe bei der Sinnfindung. Das ist solange unbedenklich als die Bindung an die Gruppe nicht zu einem wesentlichen Bestandteil der psychischen Stabilität wird und deshalb suchtartig gebraucht wird. Ich kenne Menschen, die nur lebensfähig sind in einer Selbsterfahrungs- oder Therapiegruppe. Machen es die Lebensumstände nötig, eine Gruppe zu verlassen, bemühen sie sich sehr bald um die Zugehörigkeit zu einer neuen. Viele dieser Menschen sind außerhalb der Gruppe nur beschränkt bindungsfähig. Oft zerbrechen bestehende Partnerschaften. Der Sinn des Lebens besteht im Leben in einer Gruppe, die die emotionalen, psychischen und sozialen Bedürfnisse befriedigt und so ein Maximum an Lustgewinn und Unlustvermeidung sichert. Die Gruppe wird neben *Es, Ich* und *Überich* zu einer vierten psychischen Instanz, bzw. übernimmt erheblich *Ich*-Funktionen.

Solche Gruppenbindungen sind in zwei Fällen nicht nur zu vertreten, sondern auch wünschenswert: Zum einen helfen sie Pubertierenden, ihr noch schwaches kritisches *Ich* zu entlasten und sozial zu organisieren, zum anderen helfen sie suchtkranken Menschen, die Defekte im stabilisierenden Ich zu kompensieren und die Suchtabhängigkeit wegen der Gruppenabhängigkeit nicht zu aktualisieren. In allen anderen Fällen sollten enge Gruppenbindungen eher skeptisch betrachtet werden: Die Gruppe kann sehr leicht zum »Sinnproduzenten« werden. Das bringt ganz dieselben Bedenken mit sich, als wenn ein »Guru«, stellvertretend für das

personale Ich, die Kompromißbildung über eine Sinnantwort konstruiert.

- Man kann versuchen, das Sinndefizit durch Kon-
sumaufwand zu kompensieren. Diese Methode ist sicher die verbreitetste. Konsum wird zu einer kompensatorischen Weise, frustrierte Selbstbedürfnisse sekundär
zu befriedigen. Bei allen Ersatzbefriedigungen, die eintreten, wenn die Befriedigung des ursprünglichen Bedürfnisses unmöglich ist oder nicht zureichend lust-
spendend verläuft, suchen wir Menschen nach möglichst leicht zu gewinnenden Formen des Ersatzes. So
kann etwa jemand, der im Beruf nicht genug Anerkennung erhält, versuchen, über unmäßiges Essen sich sekundär zu befriedigen. Oder jemand, der in der Befriedigung seiner sexuellen Bedürfnisse zu kurz kommt, kann
sekundär versuchen, sein psychisches Gleichgewicht
wieder herzustellen, indem er aggressive Bedürfnisse
befriedigt, etwa anderen Menschen Schuld zuweist.
Nun ist aber die kompensatorische Befriedigung des
zentralsten Bedürfnisses überhaupt, des nach psychischer Stabilität, durch Konsum zwar in gewisser Hinsicht wirkungsvoll (das Bedürfnis entschwindet dem
Bewußtsein), doch wird diese Ersatzbefriedigung um
einen extrem hohen Preis erkauft: Menschen definieren
sich selbst über ihren Konsum, über Sachen also, und
versachlichen sich somit selbst. Die personale Selbstdefinition wird durch eine funktionale niederster Art,
nämlich eine sach-funktionale (daneben gibt es grup-
pen-funktionale, system-funktionale, wissenschaft-
lich-funktionale …) gegeben.
Nun hat jeder Mensch das Recht, sich selbst als Sache
zu sehen, doch ist mit dieser Art der Selbstbestimmung
sehr eng die Art der Fremdbestimmung verbunden.

Ein Mensch, der sich selbst zur Sache macht, verliert nicht nur seine eigene Würde, sondern auch die Achtung vor der Würde anderer. Wir Menschen sehen den anderen Menschen in Entsprechung zu uns selbst. Ein versachlichter Mensch wird also auch die anderen versachlichen und ausschließlich zu Interaktionen des funktionalen Typs fähig sein. Er wird unfähig werden, personale Beziehungen aufzubauen und zu unterhalten. Liebe, Altruismus, Freude ... werden zu bedeutungslosen Worten werden, weil sie nur Bedeutung in personalen Beziehungen erhalten. Die Kategorie des Nutzens (= Was nutzt mir eine Handlung, eine Person, eine Beziehung ...?) wird zur zentralen entscheidungsbestimmenden Kategorie, weil Sachen zu Recht nach Maßgabe des Nutzens bewertet werden.

Wie bei nahezu allen kompensatorischen Befriedigungsformen sozialer oder Selbst-Bedürfnisse, kommt es zu suchtartigen Erscheinungen. Um die Kompensation aufrechtzuerhalten, muß die Befriedigung immer intensiver werden, muß Konsum immer stärker angeheizt werden. Die Konsumansprüche wachsen, je länger eine biophile Sinnantwort ausbleibt. Konsum kann zwar sekundär die Suche nach Sinn zum Schweigen bringen, nicht aber das biophile Anliegen einer rationalen Sinnfrage beantworten. Kompensatorischer Konsum wird in aller Regel bald lebensfeindlich (nekrophil).

Die kompensatorische Befriedigung des Bedürfnisses nach Sinn über den Konsum ist vermutlich ökonomisch wünschenswert. Deshalb haben vermutlich alle, die an einem optimalen Funktionieren einer konsumorientierten Wirtschaft interessiert sind, ein tiefes Mißtrauen gegen alle Ideologien, in denen Konsum keine positive Rolle spielt. Auf der anderen Seite ist die konsumbezogene Kompensation von Sinnerfüllungsbedürfnissen politisch problematisch. Wird die Konsumfähigkeit durch Systemprozesse (Verteilungskämpfe, Arbeitslosigkeit, sinkendes Sozialprodukt, Deflation ...) in Frage gestellt, wird der Staat gefordert, die inzwischen im wahren Sinn des Wortes lebenswichtig gewordenen Konsumbedürfnisse durch finanzielle Hilfen befriedigen zu helfen. Der Staat wird subsidiär in Anspruch genommen, um eine pathogene (oft gar pathologische) Situation zu stabilisieren.

Die Wachstumsideologie ist oft nichts anderes als das ideologische Pendant zur Ersatzbefriedigung von Sinnbedürfnissen über den Konsum. Die Verheißung des Wachstums ist die Verheißung, daß der Kompensationsmechanismus auf lange Dauer funktionieren wird – und also Menschen nicht unversehens mit ihrer eigenen Sinnleere konfrontiert werden. Das kann zu einem Zerfall des Selbst führen – etwas, vor dem sich Menschen fürchten wie vor nichts anderem. Sie sind gar bereit, psychotische Symptome einzusetzen, um den Selbstzerfall zu verhindern.

Manche von uns mögen lächeln, wenn sie von den Kargo-Kulten hören. Kargo-Kulte wurden verbreitet auf den Inseln Melanesiens entwickelt. Manche Insulaner betrachteten die von den Europäern und Amerikanern angelandeten Schiffe und Flugzeuge als von den Ahnen zu ihrer Versorgung geschickt. Da aus Schiffen und Flugzeugen Kisten entladen wurden, auf denen »Cargo« stand, begannen sie, die Ladung kultisch zu verehren. Was tun wir Europäer und Amerikaner anderes? Auch wir haben nicht selten den Konsum zu etwas Göttlichem gemacht, das wir kultähnlich verehren, dem wir, wie Priester einer neuen Religion, hingebungsvoll dienen.

● Man kann aber auch versuchen, die Sinnleere durch Agieren zuzudecken. »Agieren«, das meint eine psychisch bedingte Strategie, die bestehende (pathogene oder pathologische) Kompromißbildung aufrechtzuerhalten, indem man, statt sich seinen psychischen und sozialen Problemen zu stellen, in die Aktivität flüchtet. Das Agieren hat den Sinn, eine bestehende unteroptimale Kompromißbildung aufrechtzuerhalten. Es erlaubt ein Ausweichen vor den tatsächlichen, sich aus Realitätsdistanz ergebenden Problemen. So macht denn Agieren Therapie nahezu unmöglich, weil der Patient eine Strategie gefunden hat, die es ihm erlaubt, scheinbar symptomfrei und mit geringem Leidensdruck sein psychisches und soziales Leben so zu organisieren, daß er in die Aktivität flüchtet und von hierher eine mitunter sozial anerkannte und deshalb nicht als pathologisch gewertete psychische Organisation aufbaut.

Nun meint »Agieren« nicht jede Form von Aktivität, sondern es ist charakterisiert durch meist häufig wechselnde Bedürfnisse, durch die Unfähigkeit, ein Ziel bis zum Erfolg durchzustehen, durch hohe Inkonsistenz der handlungsleitenden Interessen. Ich erinnere mich an einen Fall, in dem ein junger Mann (23) in wenigen Wochen ernsthaft versuchte, nacheinander folgende Ziele zu erreichen: Er nahm an, Vater zu werden und änderte deshalb grundlegend sein Lebenskonzept. Er wollte Farmer in Paraguay werden. Er wechselte seinen Wohnsitz. Er brach seine Therapie ab. Er entschloß sich zu heiraten … Nun ist jeder einzelne Entschluß an sich möglicherweise durchaus sinnvoll. Doch der Agierende führt keinen Entschluß tatsächlich aus, es sei denn hektisch und unüberlegt – kaum die Folgen bedenkend. Handeln wird zum Selbstzweck.

Ein (moderierter) Sonderfall des Agierens liegt vor, wenn ein Mensch in die effiziente Aktivität flüchtet, weil er nicht mit sich allein sein kann. Menschen dieser pathologischen Form der Kompromißbildung versuchen, ihre innere Sinnleere nicht bewußt werden zu lassen (also abzuwehren), indem sie in alle möglichen Formen sozial anerkannter Aktivität flüchten. In Situationen, etwa der Muße, in denen sie nicht aktiv sein können, wissen sie nichts mit sich anzufangen. Sie entwickkeln eine ausgesprochene Aktivitätsappetenz, d.h. sie suchen Situationen herzustellen, die es ihnen erlauben, aktiv zu werden. Das kann die eigentümlichsten Blüten treiben: Von einer Vereinsgründung angefangen bis hin zur peniblen Pflege des Vorgartens, von seltsamen Sammleraktivitäten bis hin zum Schreiben von Protestbriefen an alle möglichen Zeitungen und Behörden. Aktivität wird zur Sucht, wenn sich Menschen vorwiegend oder gar ausschließlich von ihrer Aktivität her definieren.

Nicht-aktiv-Sein bedeutet Nicht-mehr-wissen-werman-ist, bedeutet Selbstverlust.

Offensichtlich ist eine Sinnantwort, die den Sinn des Lebens in der Aktivität sucht, keineswegs biophil und daher auch nicht rational. Die Psychoanalyse nimmt aus guten Gründen an, daß solche Aktivisten, wie alle Suchtkranken, an einer »frühen Störung« leiden. Sie haben im zweiten und dritten Lebensjahr, also bald nach der psychischen Geburt, nicht die Chance gehabt, herauszufinden, wer sie eigentlich sind.

Entwickelt sich ein Kind optimal, beginnt es nach Abschluß der psychischen Geburt (etwa gegen Ende des ersten physischen Lebensjahres), herauszufinden, wer es denn eigentlich sei. Das geschieht, indem es sich im Entgegensatz zu den Personen seiner Umwelt als eigenes psychisches und soziales Subjekt zu definieren beginnt. Ist aber die Zahl der Personen sehr gering, im Gegensatz zu denen die Selbstdefinition möglich wird, oder erlauben die Menschen der kindlichen Mitwelt durch soziale Über- oder Unterversorgung keine definierende Abgrenzung, bleibt immer ein mehr oder minder großes Defizit in der Sicherung der Selbstrepräsentanzen übrig. Das aber bedeutet, daß Objektrepräsentanzen dieses Defizit laufend kompensieren müssen. Die Umwelt, und zwar die durch aktives Handeln beeinflußte Umwelt, wird zum Teil des Selbst. Die aktive Beeinflussung der Umwelt wird zu einer psychischen Instanz, die die Funktion hat, das Selbst zu stabilisieren oder gar vor dem Zerfall zu sichern.

Menschen, denen die Persönlichkeitsexpansion in die soziale Umwelt zu einem existentiellen Bedürfnis geworden ist, leiden nicht selten an einer erheblichen psychischen Störung, die nur deshalb nicht als pathologisch gilt, weil sie öfters zu überdurchschnittlichen Leistungen führt. Nur die Tatsache, daß diese Menschen oft leistungssüchtig sind, das heißt, getrieben sind, immer mehr Leistung zu erbringen, und eine panische Angst vor einem erheblichen Leistungsabfall haben, zeigt die Pathologie dieser Kompromißbildung. Sie haben sich zwar der lästigen Sinnfrage entledigt, aber um den Preis des Gejagtseins von Aktivismus und Leistungswillen. Man kann in diesem Fall durchaus zu Recht von »Leistungsterror« sprechen. Nur daß das Wort, anders als im Sprachgebrauch der Ideologen, die es Ende der 60er Jahre in Sprache einführten, keinen sozialen Druck, keinen sozialen Terror meint, sondern einen eigenpsychischen.

Daß solche Menschen dazu neigen, auch andere in ihr terroristisches System einzubeziehen, ist durchaus verständlich, da unser politisches und ökonomisches System solch kranke Menschen oft positiv selektiert und sozial belohnt, so daß sie meinen, sie seien eine Art »besserer Menschen« oder doch »wertvoller Menschen«, die für das optimale Funktionieren unserer Gesellschaft Normen setzen. Das tun sie in der Tat. Aber das sagt nichts anderes, als daß unsere Gesellschaft krank ist, denn was kann der Begriff der »kranken Gesellschaft« anderes bedeuten, als daß sie psychisch und/oder sozial kranke Menschen den idealen Typus der systemischen Interaktionen bestimmen läßt, und die Werte menschlichen Handelns von der Brauchbarkeit pathogener Muster her definiert?

● Endlich kann man versuchen, das Sinndefizit durch alle möglichen Formen des Habens zu kompensieren. Was kann man alles haben? Die Palette möglichen Besitzens reicht vom materiellen Besitz (Geld, Wertpapiere, Versicherungen, Pensionsansprüche, Immobilien …) über den sozialen Besitz (Anerkennung, Zuneigung, Erfolg, soziale und berufliche Sicherheit …) bis zu Formen des peripheren Selbstbesitzes (Besitz an Wissen, an Erfahrung, an Dominanz, an fachlicher und sozialer Kompetenz, an psychischer und physischer Gesundheit …). Alle diese Formen des Besitzens sind an sich gut. Sie werden aber problematisch, wenn ein Mensch beginnt, sich von seinem Besitz her zu definieren, denn alle Formen des Besitzes sind gefährdet, und damit auch die Selbstdefinition, die die narzißtische Homöostase sichert. Ein Besitzverlust bedeutet Selbstverlust – und so lebt ein solcher Mensch in der ständigen Angst, für ihn essentielle Formen des Besitzes zu verlieren. Mit allen ihm zur Verfügung stehenden Mitteln versucht er, seinen Besitz zu schützen, mit Versicherungen, mit Vorurteilen, mit individuellen und sozialen Netzen, die ihn im Notfall auffangen und ihm ein zum psychischen und sozialen Überleben zureichendes Minimum an Besitz garantieren.

Typisch für diese Menschen vom »Habenstypus« (Erich Fromm) ist die Unstillbarkeit des Besitzstrebens. »Je mehr ich besitze, um so weniger bin ich in meinem Selbstbestand gefährdet, um so weiter habe ich die Bastionen ins Vorfeld meiner existentiellen Gefährdung, ins Vorfeld möglicher Angriffe verlegt.«

Solche Menschen, und darin liegt ihr trauriges Geschick, wissen nicht, wer sie sind. Sie haben die Frage nach dem Lebenssinn nie, zumindest nie handlungs- und orientierungswirksam beantwortet. Das Besessen-Werden vom Besitz tötet oder mindert Leben und ist deshalb nicht nur eine unteroptimale Lebensorganisation, sondern impliziert eine widerrationale Sinnantwort.

Allen diesen Formen des Versuchs, Sinnfragen zu »vergessen« (abzuwehren) über die Kompensation des Sinnbedürfnisses durch Leistung, Agieren oder Besitz ist oft eine schier unerträgliche Form der Arroganz der Sinnlosigkeit gemeinsam. Die meisten Menschen, die auf solche Weise kompensieren, halten die Sinnfrage für einen pathologischen Luxus, der nur denen passend ansteht, die entweder psychisch angeschlagen oder unterbeschäftigt sind. »Such dir erst einmal einen anständigen Beruf, dann werden dir die Flausen schon vergehen!«, so oder ähnlich sprechen nicht wenige der pathologisch Sinnbedürfnisse Kompensierenden – und sie können sich dabei der Zustimmung nicht weniger gewiß sein. Tatsächlich verschwindet bei vielen jungen Menschen die Sinnfrage, sobald sie sich in unser sozio-ökonomisches System integriert haben (oder besser: um physisch und sozial zu überleben, die Integration erduldeten). Das sagt aber oft nichts anderes, als daß sie sich die kollektiven Strategien der Abwehr der Sinnfrage und der Kompensation der Sinnbedürfnisse zu eigen gemacht haben – und das sehr zu ihrem Nachteil: Sie werden früher oder später emotional, psychisch, sozial verkümmern. Das Arrangement mit einer nekrophilen Umwelt wird selten biophil ausgehen.

Was aber kann man tun, um in einer nekrophilen Umwelt sozial und psychisch zu überleben, ohne sich den nekrophilen Gefahren auszusetzen. Hier gibt es verschiedene Möglichkeiten:

(a) Man kann versuchen, die geforderte Expansion nach außen durch eine Expansion nach Innen in ein biophiles Gleichgewicht zu bringen (etwa durch Meditation).

(b) Man kann versuchen, sich selbst besser kennenzulernen, um die Frage: »Wer bin ich?« nicht vom Habensmodus (Konsum, Agieren, Besitz) her zu beantworten, sondern vom Seinsmodus her. Die Lebensorganisation vom Sein her setzt aber eine realitätsdichte Selbsterkenntnis und Selbstannahme voraus.

(c) Man kann versuchen, sich vom Habensmodus durch bewußten Verzicht abzulösen.

Während über die beiden ersten Strategien weiter unten ausführlicher berichtet werden soll, sei die dritte hier abgehandelt, denn sie ist fundamental und muß beherrscht werden, wenn die beiden anderen erfolgreich sein sollen.

V.

Über das Verzichtenkönnen

Verzicht ist in einer Welt, in der Konsum zu einem ökonomischen Wert geworden ist, in einer Welt, in der die ökonomischen Werte zu ethischen gewandelt werden, eine negative Kategorie. Wenn Verzichten zu einer allgemeinen Haltung wird, zu einem Wert, der das allgemeine Bewußtsein bestimmt, bedeutet das mehr als eine Gefährdung konkreten Konsums, sondern eine Ablösung aus der Identifikation von ökonomischem Nutzen und ethischem Wert. Wenn solche Ablösungserscheinungen deutlich werden, geraten nicht wenige Theoretiker und Praktiker einer konsumorientierten Wirtschaft in arge Sorge.

Ein erstes Symptom solcher Ablösung ist das wachsende Bewußtsein, daß ökonomische und ökologische Interessen nicht nur im Widerspruch stehen können, sondern auch im Widerspruchsfall den ökologischen der Vorrang gebührt. Ein solcher Wandel von einer letztlich ökonomisch bestimmten (öffentlichen) Ethik zu einer ökologischen besorgt ein gehöriges Maß von Unruhe bei nicht wenigen, deren erkenntnis- und handlungsleitende Interessen vor allem bestimmt sind von der Überzeugung, das Bestehen oder doch die Stabilität unseres sozio-ökonomischen Systems sei wichtigstes Orientierungsmerkmal aller (öffentlichen) Ethik. Die Argumentation, nur ökonomisches Wachstum könne ökologische Sicherheit besorgen, ist eine der beliebtesten Abwehrstrategien gegen die drohende Ablösung des allgemeinen Bewußtseins von der Wachstumsideologie. Und da Interessen bekanntlich Erkenntnis leiten, sind manche durchaus von der Stimmigkeit ihrer Argumentation überzeugt.

Da der Gesetzgeber seinerseits als Organ des sozio-ökonomischen Systems primär am Systemerhalt interessiert ist, wird verständlich, daß seine Maßnahmen durchaus im Horizont der Wachstumsideologie orientiert sind. Daß er sich dabei zunehmend vom allgemeinen Bewußtsein ablösen kann, wird ihm erst dann bewußt werden, wenn die Durchsetzung seiner Beschlüsse durch mangelnde Sozialverträglichkeit auf zunehmend mehr Kritik oder auch auf aktivere Formen des passiven und aktiven Widerstands stößt.

Doch zurück zum Verzicht. Sicher wird der Gesetzgeber versuchen, eine Verzichtsideologie nicht bis ins allgemeine Bewußtsein sickern zu lassen. Dazu steht ihm ein reiches Repertoire von mehr oder weniger effizienten Strategien zur Verfügung: Er kann versuchen, durch Steuersenkungen dem Konsuminteresse größere Geldmengen zur Verfügung zu stellen. Er kann versuchen, die Spartätigkeit zu mindern. Er kann versuchen, die Konsumaktivitäten durch mittelbare oder unmittelbare Subventionen anzuregen. Das volkswirtschaftliche Problem bleibt immer dasselbe: Wie ist es möglich, Kapital ohne Konsuminteresse in Kapital mit Konsuminteresse zu wandeln? Wie ist es möglich, Kapital ohne Konsuminteresse möglichst preiswert (also mit geringen Zinskosten) dem Konsuminteresse ohne Kapital zu vermitteln? Wie ist es möglich, das Interesse am Konsum aufrechtzuerhalten, wenn durch eine konkurrenzorientierte Wirtschaft und die damit verbundene Konkurrenz der Anbieter ein verbraucherfreundliches Marktgeschehen gesichert wird?

Dieses Interesse der staatlichen Organe, im Dienste einer florierenden Ökonomie tätig zu werden, ist keineswegs altruistisch, denn der moderne Staat ist existentiell auf das Funktionieren der Ökonomie angewiesen. Das wissen die führenden Vertreter der Ökonomie sehr wohl. Sie sind daher in der Lage, auf politische Entscheidungen maßgeblichen Einfluß zu nehmen.

Die Vertreter der Ökologie sind dagegen in einer wesentlich schwierigeren Position. Sie können nur allgemeines Bewußtsein organisieren. Wenn klassische Politik ökologisch denkt, geht es nicht um Systemerhalt, sondern nur um den Machterhalt einer politischen Partei. Ökologische Politik dient dazu, Wählerstimmen zu gewinnen. So genügt es also, unter dem Schein der Wahrung ökologischer Interessen, Politik zu machen, die die Ökonomie stabilisiert.

Nun hat der Verzicht eine noch sehr viel schwächere Lobby als die Ökologie. So steht es nicht zu erwarten, daß Politik das private Verzichten in irgendeiner Weise unterstützt, solange es nicht unmittelbar politischen oder ökonomischen Interessen dient. (So kann etwa eine vermehrte Spartätigkeit und der damit verbundene Konsumverzicht eine aus dem Gleis geratene Vermittlung zwischen Kapital ohne Konsuminteresse und Konsuminteresse ohne Kapital, wie sie in hochinflationären Phasen deutlich wird, wenn das Konsuminteresse ohne Kapital, Kapital um nahezu jeden Preis zu kaufen bereit ist, korrigieren.) Es gibt jedoch zwei Gruppen von Menschen, die den Konsumverzicht im Namen von mehr Menschlichkeit fordern: Das sind überzeugte Christen (insofern sie nicht von der Konsumideologie des herrschenden Systems affiziert wurden) und die Psychoanalytiker. Beide wissen, wenn auch mit verschiedenen Begründungen, daß Menschlichkeit ohne Verzicht nicht möglich ist.

Die Christen verweisen auf die Jesusbotschaft, nach der ein Mensch, der vom Geist des Habens besessen ist, nicht ins Himmelreich eingehen kann. Sie verweisen darauf, daß ein Mensch, der sich nicht von sich selbst (d.h. von seinem Egoismus, seiner Egozentrik) befreit, sich notwendig selbst verlieren wird. Die Botschaft von der »Ablösung von sich selbst«, von der Metanoia ist die tragende Säule der Lehre des Jesus von Nazaret.

Vermutlich ist die Psychoanalyse eine notwendige Folge des sich der Jesus-Botschaft versagenden Christentums. Daß es sich dieser Botschaft entzieht, gehört nicht in den Bereich moralischer Wertung, sondern ist eine unvermeidliche Folge der unvermeidlichen Systembildung der Großkirchen in den Ländern, in denen sie mit politischen Systemen interagieren (müssen).

Ziel der angewandten Psychoanalyse ist es, Menschen in die Lage zu versetzen, innere Zwänge zu erkennen und sich von ihnen – soweit das sinnvoll erscheint – zu befreien. Es kommt ihr also darauf an, eine Kompromißbildung zu erreichen, die auf den Einbau von überflüssigen oder leidensstiftenden Zwängen verzichten kann. Zu solchen Zwängen gehören nicht nur neurotische oder psychotische Symptome, nicht nur Charakterbildungen, die die Konfliktfähigkeit mindern, sondern auch die existentiellen Bindungen an Konsum, an Aktivismus, an jede Form der Selbstdefinition durch das Haben.

Ähnlich wie das Christentum fordert die Psychoanalyse von fehlorientierten Menschen nicht nur die innere Neuorientierung, sondern auch eine Neuorganisation des sozialen Lebens (bis hin zur Aufgabe pathogener Partnerschafts- oder Berufsbindungen). Denn oft genug ist es die

konkrete soziale Situation, die eine realitätsdichte Sinnantwort unmöglich macht. Erst eine Änderung des sozialen Feldes gibt jene innere Freiheit, ohne die eine biophile
Sinnantwort nicht möglich ist.

Nun will Verzichten gelernt sein. In der Vergangenheit –
vor seiner fatalen Anpassung ans ökonomisch-systemi-
sche Denken – hat das Christentum Zeiten des Trainings
des Verzichtens ernst genommen. Vor allem die alljähr-
lich »gefeierte« Zeit des 40tägigen Fastens (vor Ostern)
wollte in das Verzichten einüben. Die Regel, täglich
höchstens eine volle Mahlzeit zu nehmen, ist für gesunde
Erwachsene auch heute durchaus beherzigenswert – mögen sie nun Christen sein oder nicht. Der 40tägige Verzicht auf Alkohol- und Tabakkonsum ist ausgesprochen
nützlich für jeden Menschen, auch für den, der meint, das
Fasten nicht durchstehen zu können.

Das Verzichtenlernen in der Fastenzeit wurde ergänzt
durch einen allwöchentlichen Tag des Verzichtens (den
Freitag). Daß im katholischen Raum dieser Verzicht reduziert wurde auf den Verzicht, Fleisch zu essen, verweist auf eine schon degenerierte Praxis, die nachkonzi-
liär – wenigstens theoretisch – korrigiert wurde.

Sicherlich greift der Verzicht auf Nahrungs- und Genuß-
mittel reichlich kurz, aber er ist schon ein sinnvoller Ein-
stieg ins Verzichten. Hier läßt sich Verzichten am leichte-
sten und am kontrolliertesten üben. In einem nächsten
Schritt gilt es, ohne daß der vorhergehende rückgängig
gemacht wurde, den Verzicht auf die Suche nach sozialer
Sicherheit, nach Anerkennung, nach Aktivität, nach Formen des Besitzens zu üben, die mit der Gefahr verbunden
sind, daß man von ihnen beherrscht werden könnte.

Es ist mir bewußt, daß diese Aufforderung, Freiheit von
inneren Zwängen zu lernen, am Bestand unseres sozio-
ökonomischen Systems rütteln würde, wenn das Bemü-

hen um solche Freiheit (die allein das hohe Wort »Freiheit« für sich beanspruchen darf, weil es ohne sie keine tatsächlichen anderen Freiheiten gibt) das allgemeine Bewußtsein bestimmen würde. Aber ist menschliches Glück nicht wichtiger als der Bestand einer bestimmten systemischen Verfassung unseres Gemeinwesens?

Eine realitätsdichte Beantwortung der Sinnfrage setzt jedenfalls ein hohes Maß innerer Freiheit voraus. Sie setzt voraus, daß ich mich von dem Gerede emanzipiere, wir lebten in einer freien Gesellschaft, die das Bemühen um persönliche Freiheit *gegen* das System entbehrlich erscheinen ließe, ja mit dem Geruch der Gesellschaftsfeindlichkeit verbindet. Jede andere Freiheit (auch die politische und ökonomische) ist leer und bedeutungslos, wenn sie nicht von der persönlichen Freiheit von inneren Zwängen gefüllt wird.

Der Irrtum des allgemeinen Geredes von systemischer Freiheit besteht darin, daß solche systemische Freiheit nicht unmittelbar etwas mit persönlicher Freiheit zu tun hat. Verspricht das System eine Minimalisierung von zur systemischen Disposition stehenden ökonomischen und politischen Zwängen, kann es das nur, wenn die systemerhaltenden Werte internalisiert werden und als innere Zwänge systemgerechtes Verhalten besorgen. Solche Freiheit ist also nichts als eine funktionale Kategorie, die den Systemerhalt sichert.

Freiheit als personale Kategorie dagegen bedeutet – wie gesagt – eine Minimalisierung innerer Zwänge und ist daher *wesentlich* systemkritisch, da gerade ein »freiheitliches System« nur über internalisierte (innere) Zwänge zu stabilisieren ist. Da viele Menschen nicht bewußt unter internalisierten Zwängen leiden, sind solche »freiheitlichen Systeme« durchaus stabil. Da aber Menschen unter dem Anspruch innerer Zwänge zerbrechen können (und das bei aller funktionalen systemischen Freiheit), kann ein solches System radikal unmenschlich sein. Es verhindert, daß Menschen zur personalen Freiheit gelangen, die allein eine rationale Sinnantwort ermöglicht. Nicht zufällig entscheiden sich nicht wenige Menschen, die eine rational begründete Sinnantwort gefunden haben, für ein systemkritisches Verhalten. Mir ist jedenfalls noch kein einziger Mensch begegnet, der eine rational verantwortete Sinnantwort für sein Leben gefunden hätte, ohne zugleich zu einer systemkritischen Einstellung geführt worden zu sein.

Systemkritik bedeutet nun keineswegs eine universelle Ablehnung unseres Staates und seiner Ökonomie. Politische und ökonomische (also systemische) Freiheit ist durchaus verteidigungswert, wenn man die Notwendigkeit einer systemischen Organisation von Gesellschaft einmal akzeptiert (und daran kommt man kaum vorbei, wenn man einer anarchisch strukturierten Rätedemokratie nicht den Vorteil geben möchte), aber es gilt, gegen die Ansprüche des Systems personale Freiheit zu verteidigen, die durchaus im Widerspruch zur systemischen stehen kann. Das Bewußtmachen des Umfangs innerer Zwänge und das Anbieten von Mitteln, sie zu reduzieren, ist ein lebenswichtiger Dienst, den wir verpflichtet sind, menschlichem Zusammen zu leisten, gleich welche ideologische Theorie uns zu solcher Kritik legitimiert.

Das Verzichten-Lernen ist ein unverzichtbares Instrument auf dem Weg zur inneren Freiheit. Sie ihrerseits erlaubt es, die Dinge so zu sehen, wie sie sind (insoweit uns das überhaupt möglich ist). Sie erlaubt uns die Überwindung von Vorurteilen, die Überwindung des Habensmodus, die Überwindung des Unsinns und der Flucht vor dem Unsinn in inadäquate Weisen, Sinn zu suchen.

Leben läßt sich nur entfalten in innerer Freiheit. Es gibt

keinen größeren Feind des emotionalen, des sozialen, des psychischen Lebens als den systemisch geforderten inneren Zwang. Er verhindert eine optimale Orientierung an der sozialen und psychischen Realität, eine Orientierung, die zu geben Aufgabe einer rational begründeten Sinnantwort ist.

VI.

Über den Zusammenhang von kollektivem Unbehagen und Sinnkrise

Wir leben in einer Zeit, in der viele Menschen sich nicht wohlfühlen, obschon sie in einem Staat leben, der für ihre soziale, ökonomische und politische Sicherheit in einer Weise sorgt, die für viele Länder Europas und Amerikas vorbildlich ist. Ist dieses kollektive Unbehagen eine Form der Undankbarkeit gegenüber den Menschen, die uns politisch, ökonomisch und sozial so gründlich umsorgen? Sicher beneiden uns viele Menschen der dritten und vierten, ja auch nicht wenige der zweiten Welt um unsere Art staatlicher Sorge, die in einer optimalen Weise öffentliche Sorge und private Freiheit miteinander verbindet. Wenn dennoch viele Menschen mit ihrer Situation in diesem Staat, in dieser Gesellschaft unzufrieden sind, muß das nicht nur von der Vernunft, sondern auch von den politisch und ökonomisch Verantwortlichen ernst genommen werden. Der Protest des allgemeinen Bewußtseins ist allemal ernst zu nehmen, denn er signalisiert sehr oft – bei allem guten Willen der Systemagenten – eine Ablösung der Systemaktivitäten von psychischer und sozialer Realität. Im Folgenden seien einige Aspekte dargestellt, die einige Gründe für das allgemeine Unbehagen wenigstens teilweise ausmachen.

(1) Viele Menschen fühlen sich der Herrschaft der Unvernunft ausgeliefert. Das Unvernünftige wird, weil nicht verständlich, als Bedrohung empfunden. Wovon fühlen sich Menschen bedroht, wenn alle vernünftigen Strategien zu scheitern scheinen? Welche kollektiven und persönlichen Katastrophen erscheinen möglich, wahrscheinlich gar, ohne daß man sich dagegen wehren kann? Die Bedrohung durch das Unvernünftige wird gerade deshalb so intensiv erlebt, weil es keine rationalen Strategien gibt, sich dagegen zu wehren. Ohne Anspruch auf Vollständigkeit seien einige solcher schicksalshaften Bedrohungen genannt. Sie bereiten um so mehr Mißbehagen als wir nicht mehr gewohnt sind, die Existenz eines nicht von uns beeinflußbaren Schicksals zu akzeptieren. Unsere technische Welt vermittelt uns die Überzeugung, daß im Prinzip alles machbar sei. Unsere technische Rationalität beherrscht nicht nur naturwissenschaftliche Abläufe, sondern auch soziale, politische, ökonomische. Die Vorstellung, einem unbeherrschbaren Geschick ausgeliefert zu sein, macht uns Angst. Die selbstverständliche Überzeugung unserer Ahnen, daß wir Menschen viele Prozesse der Natur, der Politik, der Ökonomie nicht steuern können, sondern als Schicksal zu akzeptieren haben, ist uns fremd geworden in einer Welt, in der das von uns Menschen Gemachte dominiert oder doch zu dominieren scheint und nicht die soziale, kosmische, psychische Natur.

So haben nicht wenige Menschen eine durchaus berechtigte Angst vor einem Krieg. Die meisten mitteleuropäischen Institute für Konfliktforschung sind mit guten Gründen der Meinung, daß, wenn wir nicht gänzlich neue Wege der Abrüstung gehen, ein atomarer Krieg in Mitteleuropa noch in diesem Jahrhundert sehr wahrscheinlich ist. Das Problem liegt nun darin begründet, daß die beiden deutschen Staaten, wegen ihrer beschränkten Souveränität, auf die Politik der Großmächte so gut wie keinen Einfluß haben – und somit der Gefährdung nahezu hilflos ausgeliefert sind. Protestaktionen gleich welcher Art können die gigantischen Vorbereitungen der Großmächte für einen atomar geführten Krieg in Mitteleuropa nicht aufhalten. Wir sind ohnmächtig einem unbeherrschbaren Schicksal ausgeliefert. Das gilt vor allem für die beiden deutschen Staaten. Die Angst vor einem auf Europa begrenzten atomaren Konflikt der Großmächte ist keineswegs irrational, wie die mit wissenschaftlichen Methoden arbeitenden Institute für Friedens- und Konfliktforschung (etwa das Max-Planck-Institut oder das renommierte Hamburger Institut) belegen. Wenn Politiker solche Angst als irrational herunterzuspielen suchen, handeln sie unredlich und gegen besseres Wissen.

Zum zweiten fühlen sich nicht wenige Menschen der Bedrohung der Umwelt hilflos ausgeliefert. Wenn nicht sehr viel schneller, als der träge staatliche Apparat es möglich macht, etwas geschieht, werden in 20 Jahren mehr als die Hälfte unserer Wälder gestorben sein. Es ist durchaus nicht auszuschließen, daß in 50 Jahren Kinder in Mitteleuropa keine großen Bäume mehr kennen und die ehemaligen Waldflächen mit Buschwerk überzogen sind, und somit eher Brachland ähneln als Wäldern. Es ist ebenfalls nicht auszuschließen, daß in absehbarer Zeit mehr als 10 % der Säuglinge in den Großstädten an den Atemwegen unheilbar erkranken, weil die Luft für ihre empfindlichen Bronchien und Lungen schädlich geworden ist. Es ist nicht auszuschließen, daß sich die atmosphärischen Bedingungen durch menschliche Eingriffe in die Umwelt so verändern, daß in 20 Jahren manche Gebiete, die heute noch fruchtbar sind, verssteppen ...

All diesem fühlen wir uns zu Recht hilflos ausgeliefert,

weil wir als Bürger keine Strategien zur Verfügung haben, die systemischen Abläufe rechtzeitig zu ändern. Systeme werden vordergründig durch Umweltkatastrophen kaum bedroht, sind also nur durch Druck von außen dazu zu bewegen, etwas zu unternehmen.

Auch das Weltwährungssystem scheint durch mancherlei Einflüsse ernsthaft bedroht, ohne daß es in unserer Macht stünde, auch nur das geringste daran zu ändern. Ein Kollaps des Währungssystems, herbeigeführt etwa durch die Zahlungsunfähigkeit vieler großer Banken, die sich in den Ländern der dritten und vierten Welt erheblich engagierten, oder durch die hohe Staatsverschuldung einiger Länder der ersten Welt, würde wahrscheinlich einen wirtschaftlichen Kollaps zur Folge haben. Dessen Folgen sind für Länder, deren Wirtschaft exportabhängig ist, kaum auszumalen. Arbeitslosenquoten von 30 % sind nicht auszuschließen.

Die nicht mehr beherrschbare Staatsverschuldung auch in den Industrieländern wird entweder durch eine horrende Inflation getilgt werden (was zumindest in der Bundesrepublik eher unwahrscheinlich ist) oder aber durch eine Währungsreform, die diesmal auch das immobile Eigentum durch die zwangsweise Eintragung von Hypotheken zugunsten des Staates nicht verschonen wird.

(2) Markrosysteme erscheinen immer weniger beherrschbar, je mehr sie wachsen. Die Abläufe, die ihr Funktionieren bestimmen, sind selbst den führenden Systemagenten unbekannt. So verfügen wir über keine brauchbare und generalisierbare Theorie, die es uns ermöglichte, die Leitgrößen eines makroökonomischen Systems (Vollbeschäftigung, ausgeglichene Außenbilanz, Geldwertstabilität, Wirtschaftswachstum) miteinander in Beziehung zu setzen und effizient so zu regulieren, daß

die ökonomische Ordnung langfristig im Gleichge-
wichtszustand bleibt. Im Gegenteil: Es steht nicht zu erwarten, daß langfristig die Arbeitslosenzahlen in den
OECD-Ländern unter 10 % gedrückt werden können,
ohne die marktwirtschaftliche Ordnung aufzuheben. Die
Irrationalität des ökonomischen Systems in der Bundesrepublik wird deutlich, wenn man bedenkt, daß versucht
wird, im Produktions- und Distributionsbereich eine
marktwirtschaftliche Ordnung aufrechtzuerhalten, obschon ein wesentlicher Kostenfaktor der Produktion (die
Lohnkosten) aus der marktwirtschaftlichen Ordnung
herausgenommen ist. Es scheint langfristig illusorisch zu
sein, einen funktionierenden Gütermarkt aufrechterhal-
ten zu können ohne einen funktionierenden Arbeitsmarkt, es sei denn um den Preis schnell steigender Arbeitslosenzahlen. Wenn es nicht gelingt, auf der Anbie-
terseite von Arbeitskraft das Oligopol der Gewerkschaften zu brechen, wird die marktwirtschaftliche Ordnung
in der Bundesrepublik ähnlich absurde Züge annehmen
wie der EG-Agrarmarkt.
Alles dies ist kein Geheimnis. Und es gibt viele Menschen, die dieses Dilemma genau erkennen. Aber wir verfügen über keine Strategie, damit fertigzuwerden. Unsere
Fähigkeiten, in systemische Abläufe einzugreifen, sind
außerordentlich beschränkt.
Viele Menschen erfahren Herrschaft in Staat und Politik
als anonym. Sie begegnen niemandem, der dispositiv über
Herrschaft verfügt. Alle scheinbar in Politik und Wirtschaft Mächtigen erscheinen als Agenten, ja Sklaven eines
Systems, dem sie, wollen sie ihre Macht nicht verlieren,
nahezu unbedingt dienen müssen. 1971 habe ich (nicht re-
präsentativ) 100 Studenten befragt. Beantwortet werden
sollte die Frage: »Welcher Satz ist deiner Ansicht nach zu-
treffender: Alle Gewalt geht vom Volke aus! oder: Alle

Gewalt geht vom Staate aus!« 94 % der Befragten waren der Meinung, daß man eher sagen könne, daß alle Gewalt vom Staat ausgehe.

Offensichtlich sind die Organe unseres Staates nicht in der Lage, jungen Menschen den Eindruck zu vermitteln, sie lebten in einer Demokratie. Das ist durchaus verständlich, wenn man sich über das Wesen eines makropolitischen Systems, dessen höchstes Ziel, wie das aller Systeme, der Selbsterhalt ist, auch nur oberflächlich Gedanken gemacht hat. So erscheint unsere Demokratie als eine Art von Kabinettsdiktatur, mit der Chance, sie spätestens nach vier Jahren unblutig zu stürzen. Das Basisgefühl gegenüber dem Staat und seinen Organen ist und bleibt das eines ohnmächtigen Ausgeliefertseins.

Das Gefühl der Ohnmacht wird zur sozialen Leitemotion. Immer mehr Menschen fühlen sich ohnmächtig ausgeliefert an Vorgesetzte, Lehrer, Eltern, Beamte, Richter, Ärzte ... Das Streben nach Macht des einen, führt zur Ohnmacht der anderen. Die Mächtigen innerhalb eines Systems (und sei es auch eine zum System verkommene Familie) sind ihrerseits ohnmächtig Systemzwängen ausgeliefert.

Das Gefühl der Ohnmacht, der Hilflosigkeit, des Ausgeliefertseins denunziert die Sinnfrage als Luxus.

Wie auch immer die Sinnantwort aussehen mag, sie bleibt ineffizient in einer Welt, in der die Effizienz des Einzelnen sich nur dann realisiert, wenn er sich an die systemischen Vorgaben anpaßt. Wenn ich nicht Subjekt bin, sondern Objekt systemischer Abläufe, hat das Bemühen um Erkenntnis von Sinn, um die Begabung mit Sinn keinen Zweck, denn der Sinn meines Lebens ist der Systemerhalt. Und um das zu erkennen, bedarf es keiner sonderlichen Mühe.

(3) Ein dritter Grund für das Überhandnehmen des kollektiven Unbehagens ist die schon erwähnte Hypertrophie der Information. Allenthalben werden personale Interaktionsmuster zurückgedrängt zugunsten funktionaler. Da wir Menschen aber primär personale Wesen sind und auf die Dauer nur in personaler Interaktion psychisch und sozial gesund überleben können, ergreift uns in einer Umwelt, die zunehmend mehr durch technische Rationalität bestimmt wird, tiefes Unbehagen. Wesentliche Bedürfnisse bleiben unbefriedigt. Da soziale Bedürfnisse stets eine erhebliche emotionale (erotische, aggressive oder narzißtische) Komponente haben, diese Komponente aber im Verlauf der Bedürfnisbefriedigung entpersonalisiert und immer mehr nach Standards funktionalisiert wird (man lernt halt Techniken, um mit fremden Bedürfnissen und Emotionen umzugehen und wendet sie an), kommt es nicht mehr zu einer optimalen Bedürfnisbefriedigung. In einer Welt, in der soziale Bedürfnisse ähnlich abgehandelt werden wie physiologische, nämlich nach den Regeln einer beherrschten Psychotechnik, stellt sich sehr bald ein tiefes Gefühl des Unbehagens ein. Der Hunger nach Anerkennung ist halt etwas wesentlich anderes als der Hunger nach einem Hamburger. Man kann ihn nicht routinemäßig stillen, wennschon Management-Schulen versuchen, solche Routine zu vermitteln. In dieser Vermittlung verlernen nicht wenige die Achtung vor der Würde des anderen. Man muß schon nahezu bar jeder sozialen Sensibilität sein, um nicht zu bemerken, ob in der Befriedigung sozialer Bedürfnisse Routine am Werk ist oder die Absicht, fremde Würde zu realisieren.

Die Reduktion von Kommunikation auf Information, die Unfähigkeit vieler Vorgesetzter, die eigenen und fremden kommunikativen Bedürfnisse in der Begegnung mit dem Mitarbeiter wahrzunehmen, entlarvt sie als Systemagenten, als systemgerecht funktionierende Unpersonen. Unpersonen sind aber nicht in der Lage, soziale Bedürfnisse (wie das Bedürfnis nach Anerkennung, nach Geborgenheit, nach Sicherheit, nach Achtung) zu befriedigen. Ein Mensch, dessen soziale Bedürfnisse aber nur technisch-funktional befriedigt werden (wie es nicht wenige Management-Techniken lehren), wird bald ein sehr unzufriedener Mensch sein. Er wird sich einreihen in das große Heer seiner Leidensgenossen, die zutiefst von einem Gefühl des Unbehagens bestimmt sind, oft ohne zu wissen, worin dieses Unbehagen seinen Grund haben könnte. Menschen, die aber auf diese Weise Sinnlosigkeit erfahren, eine Sinnlosigkeit, die sie durch keine Sinnbegabung werden je beherrschen können, werden sich schwer tun, für ihr Leben eine tragende Sinnantwort zu finden.

(4) Ein vierter Grund für das Wachsen des kollektiven Unbehagens bei relativer sozialer Sicherheit ist der Primat der Fremderfahrung vor der Eigenerfahrung. Wir wissen immer weniger auf Grund der Erfahrungen, die wir selbst mit uns, mit Welt, mit Gesellschaft gemacht haben. Wir leben in einer Welt voller Rätsel, die uns bestenfalls durch hochspezialisierte Fachwissenschaftler erschlossen wird. Deren Aussagen müssen wir trauen. So leben wir intellektuell aus Zweiter Hand.
Es ist nicht lange her, da trauten Menschen außer eigenen Erfahrungen nur Priestern und Ärzten, jenen Nachfolgern der Schamanen, die nach jahrtausendealter kollektiver Überzeugung über geheimnisvolles Wissen verfügen, da sie mit höheren Kräften in Verbindung stehen. Das exklusive Wissen und Können der Priester haben wir entmythisiert und wir sind dabei, ähnliches für das Wissen und Können der »Götter in Weiß« zu versuchen, sie ihres geheimnisvollen Nimbus zu entkleiden. An die Stelle der

alten Nachfolger der Schamanen treten die Priester eines neuen Kultes: des der Wissenschaften.

Zunächst, im 19. und in der ersten Hälfte des 20. Jahrhunderts, waren es die Vertreter der Naturwissenschaften, später zunehmend die der Handlungswissenschaften (die über menschliches Verhalten und die durch menschliches Verhalten begründeten Institutionen nachdenken). Die Standardweltbilder waren zunächst naturwissenschaftlicher Art – heute sind sie eher handlungswissenschaftlich orientiert (etwa an Politologie, Ökonomie, Psychologie, Soziologie, Pädagogik …). Dabei tauschten wir alte Mythen gegen neue ein. An die Stelle der Mythen ohne wissenschaftlichen Erklärungsanspruch, die noch wußten vom Unbegreiflichen, das es in Bildern und Szenen zu fassen und so erklärlich zu machen galt, traten die Theorien der Wissenschaft, die die fatale Illusion vermitteln, wir hätten das Geheimnis überrumpelt, es sei entlarvt und stehe zu unserer Disposition. Naive Wissenschaftsgläubigkeit hält wissenschaftliche Theorien für wahre Aussagen, ähnlich wie eine einfältige Religiosität Mythen als historische Ereignisse interpretierte. Dabei ist kaum zu bestreiten, daß Mythen und Theorien als Erklärungsversuche über Erfahrungen ganz ähnlich strukturiert sind:

- Beide sind nicht wahr (wenn man unter »wahr« die Qualität einer Aussage versteht, Sachverhalte zu bezeichnen, die an sich so sind, wie der Satz sie darstellt), sondern nur hilfreich, nur nützlich, wenn sie es Menschen erlauben, sich ungefährdeter in Welt, der kosmischen wie sozialen, einzurichten, wenn sie weitere Erkenntnis eher öffnen, denn verschließen.
- Beide erlauben deshalb die Ausbildung konkurrierender Erklärungen, deren Qualität an dem Maß ihrer Nützlichkeit (objektiv) gemessen werden kann.

● Beide werden nur aufgegeben, wenn ihre Erklärungs-
funktion erschöpft ist (d.h. wenn die Menge der Anwendungsfälle konstant bleibt oder gar abnimmt) *und*
eine alternative Theorie zur Verfügung steht. So wurde
der Mythos von der Erbsünde durch die Theorie von
der Aggressivität (partiell) abgelöst, oder die Newton-
sche Gravitationstheorie, deren Lehre vom freien Fall
eine jahrhundertelange Beleidigung jedes denkenden
Menschen war, durch die Albert Einsteins. So kann
sich der Marxismus heute noch halten, obschon er bislang keinen Anwendungsfall fand, weil keine alternative Theorie, die kulturelle, ökonomische, politische
und soziale Abläufe in eine rationale Beziehung zueinander stellt, zur Verfügung steht.

Es ist eine für die Weltbildfindung eines Menschen sehr
wichtige Erkenntnis, daß wissenschaftliche Theorien von
der inneren Struktur der Mythen sind, und nur nach den
sehr problematischen Maßstäben technischer Rationalität
vor diesen einen rationalen Vorsprung haben.
Dennoch hat sich im Übergang von Mythen zu Theorien
manches gewandelt. Die meisten Mythen waren für die
meisten Menschen unmittelbar einsichtig. So war es ein
plausibles Erklärungsmodell für die Existenz des Bösen,
das nicht vom einzelnen Menschen verschuldet ist, auf die
Schuld der ersten Menschen zurückzugreifen (im Mythos
von der Erbsünde). Man kann gegen diesen Mythos sagen, was man will, ein gewisses Maß von Evidenz hat er
an sich, soviel jedenfalls, daß sich über 3000 Jahre lang
auch hochintelligente Menschen mit dieser Erklärung zu-
friedengaben. Erst als man begann, den Mythos mit Hi-
storie zu verwechseln und die paradiesische Ursünde als
geschichtliches Ereignis nahm, wurde die Sache absurd.
Man hatte vergessen, daß Mythen keine historischen Er-

eignisse sind, noch in solchen gründen, sondern etwas erklären, das immer ist, aber niemals war: so das unver-
schuldete Unheil auf dieser Welt.

Das wurde mit dem Auftauchen wissenschaftlicher Theorien anders. Man muß schon ein ausgebildeter Physiker
sein, um nach dem Stand der Entwicklung moderner Wissenschaft erklären zu können, warum ein Stein zu Boden
fällt, wenn wir ihn loslassen, oder warum die Planeten auf
bestimmten Bahnen um die Sonne kreisen. Man muß
schon ein geschulter Psychologe sein, um die Theorie zu
verstehen und zu beherrschen, die uns erklärt, warum wir
Menschen Böses tun, selbst, wenn wir Gutes wollen. Man
muß schon ein geschulter Nationalökonom sein, um die
Prozesse erklären zu können, die die weltwirtschaftlichen
oder die nationalwirtschaftlichen Abläufe bestimmen.
Kurzum: Wir Durchschnittsmenschen müssen der Nützlichkeit von Theorien vertrauen, deren Struktur wir weder erkennen noch bewerten können. Von uns werden geradezu Exzesse der Gläubigkeit verlangt, denen sich die
Menschen des Mittelalters schlicht verweigert hätten.

Unsere eigenen Erfahrungen bleiben dagegen oft uner-
klärt oder werden durch selbstgebastelte Erklärungen
verständlich gemacht, die hinter dem kultischen Anspruch der Wissenschaften zurückbleiben. Wir sind nicht
in der Lage, sie wissenschaftlich zu verstehen. Damit wird
»Dummheit« zum Institut menschlichen Lebens gemacht. Die Erkenntnis, daß die Dinge sich anders verhalten, als wir sie deuten, ist keineswegs geeignet, die Vermutung zu nähren, wir seien in der Lage, uns realitätsdicht in einer Sinnantwort zu orientieren. Unsere Sinnantwort hat die Vermutung für sich, in einer wissenschaftlichen Welt als dilettantisch zu gelten, als lächerlich
obsolet, als radikal realitätsverlustig.

Nun ist dieser Einwand, ist diese Vermutung leicht aus

der Welt zu schaffen, wenn man nur einmal erkannt hat, daß wissenschaftliche Theorien auch nicht sonderlich realitätsdicht sind, jedenfalls nicht so realitätsnah, daß sie nicht durch andere, konkurrierende jederzeit ersetzt werden könnten. Nur die laienhafte Vermutung, wissenschaftliche Erklärungen seien wahr, kann das genannte Mindergefühl rechtfertigen.

Und dennoch gibt es einen Aspekt in der modernen Wissenschaftsentwicklung, der uns berechtigt tiefes Unbehagen bereiten sollte: Der Fortschritt der Wissenschaften besteht nicht nur in der Entwicklung neuer (gelegentlich auch brauchbarer) Erklärungssysteme, sondern auch in der Erschließung neuer Erfahrungen. Ein moderner Physiker macht Beobachtungen, ein moderner Psychologe macht Erfahrungen, die einem Durchschnittsmenschen fremd sind. Aussagen über Erfahrungen können wahr sein. Das aber bedeutet, daß nur ein begrenzter, immer kleiner werdender Ausschnitt von Welt von uns selbst erfahren werden kann. Die Welt wird uns zunehmend fremder.

Fremderfahrung kann niemals Eigenerfahrung ersetzen. »Unsere Welt« ist immer nur jene, die durch Eigenerfahrungen abgedeckt ist. Und diese Welt wird immer kleiner, gemessen an der Welt, von der man erwartet, daß wir uns in ihr realitätsgerecht orientieren. Das bedeutet, daß man von uns verlangt, uns in einer Welt einzurichten, von der wir nur glauben können, daß sie so sei, wie man es uns erklärt. Wir müssen uns in einer Welt zurechtfinden, die nicht durch Eigenerfahrungen abgedeckt ist. Vielleicht sind es 5 % oder höchstens 10 % unserer Entscheidungen, die durch ein auf Eigenerfahrung aufbauendes Weltwissen gestützt sind. Das gilt für unsere politischen Entscheidungen (etwa bei der Wahl), das gilt für unsere Entscheidung, uns einem Arzt, einem Anwalt, einem Bautechniker anzuvertrauen. Das gilt für unsere Entscheidung, mit einem Auto, einem Flugzeug zu reisen ... Das begleitet unser Leben mehr oder weniger Tag um Tag.

In unserer relativen Unwissenheit befinden wir uns zeitlebens in der Situation von Kindern, denen man zugesteht, daß sie ihre Entscheidungen auf Grund von Fremderfahrungen fällen, da die Menge der Eigenerfahrungen noch nicht ausreicht, sich in dieser Welt sinnvoll zu orientieren. Für unsere Sinnantwort aber bedeutet das, daß wir sie aus außerordentlich unvollständiger Information geben sollen, geben müssen. Das Wissen um das ungeheuerliche Maß der Unvollständigkeit der an sich notwendigen Information kann dazu führen, daß sich Menschen jeder rationalen Orientierung ihrer Sinnantwort versagen und sich ausschließlich an ihrem »Gefühl« orientieren. Das kann ausgesprochen sinnvoll sein – doch ist damit zu rechnen, daß bei nicht wenigen Menschen der bewußte Ausschluß von Rationalität optimale Realitätsdichte verhindert, denn Emotionen können schlechte Ratgeber sein – wie wir alle schon erfahren haben. So bleibt denn nicht selten ein ungutes Gefühl, ein allgemeines Unbehagen über die Komplexität der sozialen und kosmischen Welt übrig, verbunden mit der Überzeugung, man könne sich in ihr doch nicht optimal orientieren, da sie intellektuell nicht begreifbar sei – und emotional erst recht nicht.

(5) Das Unbehagen aus dem Einbruch des öffentlichen Lebens ins Private. Auf mannigfaltige Weise wird der Bereich unseres privaten Lebens eingeschränkt. Die wesentlichste und eingreifendste Beeinträchtigung erfolgt sicher durch die Übernahme öffentlicher Interaktionsmuster und deren Wertordnung ins private Leben. Schon Marx vermutete, daß die Weisen der ökonomischen Produktion auf die Weisen der Produktion des gesellschaftlichen Lebens überhaupt abfärben. Die moderne Psychologie

hat in vielem diese Vermutung bestätigt. In nicht wenigen Familien (oder anderen privaten Gruppierungen) herrschen Interaktionsmuster und Wertbesetzungen vor, die der ökonomischen Welt entnommen sind. Ich will das an einem Beispiel erläutern: In meiner psychotherapeutischen Praxis tauchen zunehmend mehr junge Menschen auf, die nicht mehr wissen, wie man dauernde Bindungen auf der Ebene dauernder Zuwendung aufbaut. In der Anamnese stellt sich oft heraus, daß in nahezu allen Fällen – in vermeintlicher Entsprechung zu den Mechanismen des öffentlichen Systems – die Eltern Zuwendung an Erfolg (etwa schulischen) gebunden haben. Die Kinder lernten nur eine Strategie, Zuwendung zu erhalten: den Erfolg. Nachdem sie das Elternhaus verließen, mußten sie erkennen, daß Erfolg im öffentlichen Leben kaum jemals Zuwendung einbringt, sondern oft nur Einsamkeit, bestenfalls Anerkennung. Mit Anerkennung aber allein kann auf die Dauer ein Mensch psychisch und sozial nicht gesund überleben. Er muß also andere Strategien beherrschen, Zuwendung zu erhalten (etwa anderen Menschen Interaktionsangebote zu machen, mit denen sie etwas anfangen können, in denen sie sich einbringen, sich realisieren können). Solche Strategien aber wurden im Elternhaus nicht vermittelt.

Allgemein läßt sich sagen, daß funktionale Kategorien zunehmend mehr auch die Organisation des privaten Lebens bestimmen und personale Kategorien zurückdrängen. Ein Beispiel dafür mag der Einbruch der (stets funktionalen) Leistungsgerechtigkeit in Räume sein, in denen die Bedürfnisgerechtigkeit dominieren sollte. »Gerechtigkeit« bezeichnet im römischen Recht (von dem her auch wir unsere Rechtsvorstellungen weitgehend herleiten) den festen Willen, einem jeden Menschen sein Recht zuteil werden zu lassen. Rechte können nun auf sehr verschiedene Weise erworben werden: etwa durch Leistungen (funktional) oder durch Bedürfnisse (personal). In nicht wenigen Familien herrscht nun Leistungsgerechtigkeit vor. Rechte gegenüber anderen werden durch Leistungen erworben, die unmittelbar oder mittelbar der Allgemeinheit nützen oder schaden (in diesem Fall tritt das Leistungsrecht auf Strafe ein). So werden etwa Dienste der Kinder, die sie der Familie leisten, finanziell belohnt, also funktional gerecht behandelt. So rechnen Familienmitglieder ihre Leistungen gegeneinander auf, wenn es darum geht, die gemeinsamen Arbeiten zu verteilen. Rücksicht auf die individuellen Bedürfnisse der einzelnen Mitglieder wird nur insofern genommen, als sie unvermeidliche Störgrößen sind.

Das Absurde an diesem Prozeß ist, daß seit den 80er Jahren des 18. Jahrhunderts (Verfassung der USA, Französische Revolution) die Bedürfnisgerechtigkeit in der Form der Menschenrechte (das sind Rechte, die ein Mensch hat, weil er Mensch mit menschlichen Bedürfnissen ist) zum öffentlichen Institut wurde. Zwar handelt es sich hierbei nicht um individuell geschützte Rechte, doch sind durch sie der staatlichen Aktivität Grenzen gezogen. Sie darf sie – im Prinzip – nicht verletzen. Sie regulieren damit nicht die Systemfunktionen, sondern setzen ihnen Grenzen.

Der private Raum war einmal der Raum legitimer Spontaneität und ursprünglicher Darstellung von Emotionen. In ihm konnte man sich geben, wie man tatsächlich war oder zu sein glaubte. Auch das wird zunehmend anders. Nicht selten kommen junge Paare in die therapeutische Sprechstunde, die darunter leiden, daß auch in ihren Beziehungen Ritualisierungen überhand nehmen. Selbst in der sexuellen Begegnung, die doch eigentlich ein Raum für spontane Entfaltung sein sollte (weil am weitestgehend privat und ohne Entsprechung im öffentlichen Leben) kommt es oft schon nach wenigen Monaten zu feststehenden Stereotypen. Das Ideal der Berechenbarkeit, das das funktional organisierte öffentliche Leben bestimmt, greift über in den personalen Raum des Privaten, der so weitgehend ebenfalls funktionalisiert wird. In nicht wenigen Partnerbeziehungen gilt Spontaneität als ausgesprochen störend und Vorausberechenbarkeit des Verhaltens als stabilisierendes Ideal. Da wir Menschen aber, um psychisch gesund (über-)leben zu können, dringend Räume benötigen, in denen wir ungestraft spontan sein können, steht zu erwarten, das durch die Verbannung der Spontaneität in die Subkultur der Diskotheken, die psychischen Störungen überhand nehmen, deren Entstehung durch die Forderung nach stets kontrolliertem Verhalten begünstigt wird: etwa alexithymische Störungen oder Verkümmerungen der sozialen Kompetenz. Alles dies besorgt sicherlich ein kollektives Unbehagen, das es uns erschwert, Lust am Leben zu haben. Die mit solchem Unbehagen institutionalisierte mehr oder weniger latente Resignation oder Melancholie ist kein guter Ratgeber bei der Suche nach Sinn.

(6) Ein weiterer Grund des allgemeinen Unbehagens ist die Unglaubwürdigkeit vieler Menschen, die in Politik und Wirtschaft Verantwortung tragen. Wer den Wahlversprechungen führender Politiker glaubt, gilt als naiv. Wer etwa 1982 CDU wählte, weil sie versprach, das Subventionsdickicht abzubauen, weil sie versprach, eine familienfreundliche Politik zu beginnen, weil sie versprach, die Staatsverschuldung zu reduzieren, der muß ausgesprochen naiv gewesen sein. Politiker versprechen das, was Stimmen bringt, nicht das, was sie – einmal an der Macht – auch zu halten beabsichtigen. Hier handeln sie anders: Hier sind ihre Entscheidungen weitgehend vom

Machterhalt bestimmt. Wird der Machterhalt unwahrscheinlicher, wenn man versucht, Wahlversprechungen einzulösen, werden diese bedenkenlos aufgegeben. Die meisten Politiker verhalten sich somit systemgerecht. Im Bereich personaler Kategorien wirkt ihr Verhalten jedoch ausgesprochen unglaubwürdig.

Es wäre nun falsch, ihnen daraus einen persönlichen Vorwurf machen zu wollen, denn es gehört schon eine weit überdurchschnittliche Charakterstärke dazu, einmal Systemagent geworden, seine Sittlichkeit nicht nach den Erfordernissen des Systems zu modifizieren. Und überdurchschnittliche Charakterstärke ist nur sehr wenigen Menschen gegeben – und die lehnen es in aller Regel ab, in einem System leitende Funktionen zu übernehmen.

Ein weiterer Grund, der die Unglaubwürdigkeit vieler, die systemisch Macht ausüben, entschuldigt, ist die Tatsache, daß die Ausübung von Macht (d.h. der Möglichkeit, seinen Willen gegen fremden Willen durchzusetzen) verdummt. Irgendein animalischer Rest in uns läßt es vielen erstrebenswerter erscheinen, in einer Gruppe oder Gesellschaft Herrschaft auszuüben, als in Ruhe und Frieden zu leben. So erscheint also die Bewahrung der Herrschaft als Gut. Damit wird aber das erkenntnisleitende Interesse auf den Herrschaftserhalt konzentriert. Menschen aber mit eingeengtem erkenntnisleitenden Interesse halten wir für dumm. Und so wirken Politiker oft um so dümmer, je mehr ihr Interesse auf Machterhalt gerichtet ist. Von intellektuell reduzierten Menschen darf man aber nicht erwarten, daß ihr Verhalten glaubwürdig wirkt.

Leider wird nun aber die Vermutung der Unglaubwürdigkeit auf alle ausgedehnt, die Macht ausüben, selbst wenn sie sich von der Versuchung der Macht und damit der Einschränkung ihrer Intelligenz haben frei halten können. Ich kenne nicht wenige Menschen, die in Unternehmen Verantwortung tragen und nicht zu Systemagenten geworden sind. Dennoch fallen sie nicht selten unter die Generalisierung, als Herrschaft-Ausübende ausschließlich im Dienste des sozio-ökonomischen Systems zu stehen und, als Sklaven dieses Systems, persönlich unglaubwürdig zu sein. So sind auch sie nur eine begrenzte Hilfe, wenn es darum geht, die allgemeine Verdrossenheit, die aus der Unglaubwürdigkeit der Mächtigen hervorgeht, zu relativieren.

Wir sollten nicht verkennen, daß die Staatsverdrossenheit nicht weniger (vor allem junger) Bürger in der Unglaubwürdigkeit der Mächtigen einen wichtigen, objektiv gerechtfertigten Grund hat. »Wer einmal lügt, dem glaubt man nicht ...«

Nun sollte aber eine rational begründete Sinnantwort Menschen befähigen, Verantwortung zu übernehmen. Wenn aber Verantwortung und Unglaubwürdigkeit des Verantwortlichen miteinander assoziiert werden, entfällt dieser wichtige Grund einer realitätsdichten Sinnantwort, sollte sie doch so ausfallen, daß sie auch anderen Menschen hilft, Leben zu entfalten. Die Unglaubwürdigkeit der meisten, die Herrschaft ausüben in Politik, in Wirtschaft, in Parteien, in Gewerkschaften, in Familien ... schließt aber diese Motivation nahezu aus. Die Sinnfrage wird privatisiert, und das ist nahezu das Ärgste, was ihr geschehen kann.

(7) Ein weiterer Grund für ein wachsendes kollektives Unbehagen ist das schnelle Wachstum der Technik. Gemeint ist hier nicht nur und nicht einmal an erster Stelle die »naturwissenschaftliche Technik«, also die Umsetzung naturwissenschaftlicher Einsichten in die Praxis. Gemeint ist an erster Stelle die Zunahme sozialer, politischer, ökonomischer, psychologischer Techniken, die

anscheinend alle das Ziel verfolgen, die Entscheidungen von Menschen zu beeinflussen, sie zu manipulieren – und das nicht selten im Sinne des Systemerhalts.

»Manipulation« bezeichnet die Intention, Verhalten von Menschen zum Nutzen des Beeinflussenden oder eines Dritten zu ändern, bei möglichster Ausschaltung des kritischen Bewußtseins des Beeinflußten. Solche Manipulation ist in aller Regel, wenn sie nicht geschieht, um erheblichen Schaden vom Einzelnen oder der Gesamtheit abzuwenden, unsittlich. Und dennoch ist Manipulation zum gängigen Instrumentar von Politik und Wirtschaft geworden. Man muß nur einmal die politischen und ökonomischen Werbeaussagen prüfen und in solcher Prüfung sich bewußt gegen deren Bemühung wehren, das kritische Bewußtsein durch emotionale Ansprachen auszuschalten, um den Umfang solcher unsittlichen Strategien zu durchschauen.

Nun ist keineswegs jede emotionale Ansprache unsittlich. Hat sie aber den vorzüglichen Zweck, die rationale Kontrolle zu dispensieren, wird sie oft unsittlich, weil so andere Menschen zum bloßen Mittel gemacht werden, den eigenen Nutzen zu mehren. Personen werden reduziert auf Käufer oder Wähler, d.h. sie werden funktionalisiert. Eine besonders infame Technik besteht darin, zu behaupten, der Teilnehmer am politischen und ökonomischen Prozeß sei mündig und ließe sich somit nicht manipulieren. Diese Argumentation übersieht, daß die manipulatorischen Techniken gerade darauf abzielen, die Mündigkeit auszuschalten.

Es ist nun keineswegs so, daß die Verwendung manipulatorischer Techniken in Politik und Wirtschaft ohne Folgen bliebe. Selbst wenn sie nicht bewußt werden, erzeugen sie doch ein Gefühl des ohnmächtig irgendwelchen Mächten Ausgeliefertseins, ein Gefühl des Unbehagens.

Dieses Gefühl wird dominant, wenn die Manipulation den Schaden des Beeinflußten will oder doch in Kauf nimmt. Und das ist keineswegs selten der Fall. Steht Systemnutzen gegen Individualnutzen, wird sich der Systemnutzen oft selbst dann durchsetzen, wenn ihm ein Individualschaden entspricht.

Durch lange Jahrzehnte beschränkte sich die Technik-Diskussion auf den Bereich der angewandten Naturwissenschaften. Dabei geriet aus dem Blick, daß auch die angewandten Handlungswissenschaften Technik produzieren, die sehr viel gefährlicher sein kann, als die Technik, die aus den Naturwissenschaften hervorgeht. Die Frage, dürfen wir alles, was wir können, wird verharmlost, wenn wir sie nur auf Vernichtungstechniken oder Genmanipulation anwenden. Der Bereich der handlungswissenschaftlich begründeten Technik ist sehr viel problematischer, weil sehr viel unmittelbarer in menschliches Verhalten eingreifend. So ist in keiner Weise auszuschließen, daß solche Techniken weitgehend die Sinnantwort beeinflussen und damit ihre biophile Orientierung schmälern oder ganz zerstören.

Man mag sich fragen, haben Menschen Angst vor der Technik oder Angst vor den Menschen, die über Technik verfügen. Diese Frage ist nicht leicht zu beantworten. Technik in der Hand von sittlich verantwortlich handelnden Menschen ist sicher etwas Gutes. Aber handeln Menschen als Systemagenten noch sittlich verantwortlich, selbst wenn sie von der Sittlichkeit ihrer Entscheidungen persönlich überzeugt sind? Wird sich ihr subjektives handlungsleitendes Interesse, oft ohne jedes persönliche Verschulden, nicht so verändern, daß Technik in ihrer Hand zu einer allgemeinen Gefahr wird? Wir neigen dazu, diese Frage zu bejahen, erkennen aber zugleich unsere Ohnmacht an, die Situation in irgendeiner Weise wirksam zu ändern. Wir müssen uns damit abfinden, daß Technik in manipulatorischem Interesse von denen verwaltet wird, die im Dienst eines gesellschaftlichen Systems stehen und primär dessen Interessen vertreten.

Die Rationalität der Technik ist niemals personal, sondern stets funktional. Es liegt im Wesen der Technik, daß sie funktionieren soll. Solch funktionales Denken greift gelegentlich sogar auf den Bereich des Sinns über. Es werden Techniken angeboten, die Sinnfrage technisch optimal zu beantworten. Vor allem Menschen, die nach Patentrezepten suchen, neigen zu dieser Haltung und pervertieren die Sinnfrage zu einer Anfrage an Technik. »Bitte, geben Sie mir Techniken an die Hand, mich selber besser zu verstehen, mich in einer sinnlosen Welt zu orientieren!«, das ist eine keineswegs selten gehörte, niemals aber zu erfüllende Bitte. Wäre sie erfüllbar, hätten die schrecklichen Simplifikateure, die Ideologien praktisch machen wollen, recht. Die Frage nach dem Sinn des Lebens ließe sich standardisiert beantworten, ohne daß hinter der Antwort jahrelanges personales Mühen eines Menschen um Orientierung stehen müßte.

(8) Ein weiterer Grund für das kollektive Unbehagen, dem wir allenthalben begegnen, dürfte die soziale Entborgenheit vieler Menschen sein. Die konkrete soziale Umwelt bietet kaum Möglichkeiten an, die sozialen Bedürfnisse personal zu befriedigen. Der institutionalisierte Egoismus macht es uns schwer, die sozialen Bedürfnisse des anderen auch nur zu erkennen, geschweige denn, ihnen gerecht zu werden. Nicht zufällig kehren viele Menschen, die die DDR voller Hoffnung verlassen haben, um im Westen ein Mehr an Freiheit und Menschlichkeit zu finden, wieder nach Hause zurück. Nicht zufällig rekrutieren sich viele Stadtstreicher aus den Reihen derer, die

die DDR verließen, ohne in unserer Gesellschaft Wurzeln schlagen zu können. Irgend etwas an unserer gesellschaftlichen Organisation scheint nicht in Ordnung zu sein. Offensichtlich sind wir nicht in der Lage, ein Klima sozialer Geborgenheit zu schaffen, trotz des Aufspannens eines sozialen Netzes. Offensichtlich haben wir nicht zureichend realisiert, daß Lebensstandard kein Ausweis oder Gradmesser für Menschlichkeit ist. Menschlichkeit kann man nicht organisieren, sondern nur leben. Leben aber läßt sich Menschlichkeit in einer Gesellschaft, in der Altruismus (und nicht Egoismus) eine sozial und politisch, ökonomisch und kulturell belohnte Einstellung (oder gar Einrichtung) ist.

Eine egoistisch organisierte Gesellschaft wird ökonomisch, sozial oder politisch Schwachen Angst machen. Die Behauptung, solcher Egoismus sei notwendig, um die Schwachen »zu versorgen«, tut so, als wenn Versorgung gewünscht wäre. Nicht Versorgung wird gewünscht, sondern gesellschaftliche Integration als Voraussetzung für das Gefühl der Geborgenheit auch in einer Großgesellschaft.

Die egoistisch organisierte Gesellschaft wird eine Kampfgesellschaft sein müssen. Es war einmal der Kampf um optimale Unternehmergewinne, der das ökonomische Geschehen bestimmte. Heute wird zunehmend mehr gekämpft um die Verteilung von Sicherheit der Teilnahme am Arbeitsprozeß. Diese Verschiebung wird zu sehr ungewohnten Formen von Konkurrenzkämpfen führen, für die wir noch keine Techniken beherrschen. Nicht die Kämpfe um einen möglichst großen Anteil am erwirtschafteten Gewinn werden die Zukunft bestimmen, sondern die Kämpfe um berufliche Sicherheit.

Auch politisch sind wir eine Kampfgesellschaft. Der Wahlkampf ist zu einer Dauerinstitution geworden. Das führt nicht selten zu politischen Auseinandersetzungen, die Menschen, die ein Gefühl für Anstand und Würde behalten haben, sich erschreckt von Politik absetzen läßt. Sicherlich gibt es Menschen, denen das Kämpfen Freude macht. Das sind sicherlich nicht unbedingt sozial oder psychisch Kranke. Über 99 % der Menschheitsgeschichte war die Fähigkeit, erfolgreich gegen die Unbill der Natur zu kämpfen, Voraussetzung menschlichen Überlebens. Seit aber die Natur nicht mehr unser Feind ist, suchen wir unsere Feinde unter unseresgleichen. Der Mensch wird des Menschen Feind. Ihn gilt es zu besiegen. Solidarität hat unter Kämpfenden nur einen Außenzweck: den Sieg über einen gemeinsamen Gegner. Dabei sollte es der Sinn von Solidarität sein, sich im Bewußtsein der gemeinsamen Menschhaftigkeit zusammenzufinden. Solidarität sollte also eine personale Kategorie sein und keine funktionale. Das Leben in einer Kampfgesellschaft macht Angst. Jedem, auch dem Tüchtigen, denn auch er ist gefährdet, auch er kann einmal schwach werden, kann unterliegen, kann besiegt werden. Eine Kampfgesellschaft kann niemals Geborgenheit vermitteln, sondern fordert stete Kampfbereitschaft, stete Wachsamkeit, stetes Bemühen, besser zu sein im Konkurrenzkampf als der Mitbewerber, ein. Daß eine Kampfgesellschaft hohe, ja höchste politische und ökonomische Effizienz produzieren kann, ist unbestritten. Aber produziert sie auch die Voraussetzungen für Menschlichkeit? Von der Beantwortung dieser Frage kann man sich nicht mit dem Hinweis dispensieren, daß höchste ökonomische Effizienz gerade Menschlichkeit sichere, da sie es möglich mache, auch den Schwachen zu versorgen. Wie gesagt: Versorgung ist nicht schon Menschlichkeit.

Uns interessiert hier die Frage, ob eine Sinnantwort, die ein optimales Leben in einer Kampfgesellschaft sichert, biophil ist? Bedeutet Kämpfen nicht immer Beschränkung eigenen und fremden Lebens? Kann sich Leben optimal entfalten, wenn es stets bedroht ist und sein Bestand verteidigt werden muß? Ich vermute, daß eine Kampfgesellschaft nicht biophil ist, wenn der Gegner nicht die Natur, nicht ein gemeinsam zu lösendes Problem, nicht eine sich verweigernde Orientierung ist, sondern ein anderer Mensch, eine andere Gruppe, eine andere Gesellschaft. Ich vermute, daß das Leben in einer Kampfgesellschaft vielen – und nicht nur ökonomisch oder politisch Schwachen – tiefes Unbehagen bereitet. Für nicht wenige Menschen ist das Leben in Frieden (also ein Leben ohne Kampf) das Ziel ihrer Hoffnung. Eine Kampfgesellschaft bedroht unmittelbar oder mittelbar physische, psychische, soziale, emotionale Erhaltung und Entfaltung.

(9) Ein letzter Grund für das allgemeine Unbehagen dürfte in der Erfahrung gründen, daß die Normen der Vergangenheit, die unser soziales und kulturelles (dazu gehört auch das religiöse), unser politisches und ökonomisches Leben regulierten, nicht mehr tragen, nicht mehr Sicherheit geben. Vielleicht gab es einmal eine Zeit, in der sich die Orientierung über eine Sinnantwort erübrigte, weil die Einbettung in ein tragendes System von Verhaltensnormen (Gesetzesnormen, ethischen Normen, Rollennormen, Sprachnormen) die Orientierung sicherstellte. Heute gibt es solche Normen als allgemein anerkannte nicht mehr. Geschützt von Staat und Gesellschaft sind nur jene Normen, die den Bestand beider und der sie tragenden Ideologien sicherstellen. Die Übertretung systemischer Normen wird strafend geahndet. Normen sind Ausdruck von Wertvorstellungen, von Wertüberzeugungen. Die Normen, die aus systemischen (d.h. auf die Systemerhaltung und -entfaltung ausgerichteten) Werten

hervorgehen, sind geschützt, werden gesellschaftlich stabilisiert, nicht dagegen die Normen, die aus personalen Wertüberzeugungen hergeleitet sind.

Man kann nun zu Recht darauf verweisen, daß es nicht Aufgabe eines Systems sein kann und darf, Normen zu sichern, die nicht seine sind. Doch greift diese Argumentation etwas zu kurz. Sie gilt sicherlich für die Normensicherung durch das Strafrecht. Das Strafrecht hat die Funktion, einen schützenden Normenrahmen zu sichern, indem bestimmte Formen der Interaktion ausgeschlossen werden, andere – in beschränktem Umfang – geboten werden. Doch wenn ein Staat es zur höchsten Aufgabe aller staatlichen Gewalt erklärt, die Würde des Menschen (und das meint doch wohl nicht die des generalisierten, der Objekt der Gesetzgebung ist, sondern den einzelnen, der Subjekt in Interaktionen mit der staatlichen Gewalt ist) zu schützen, dann ist das nicht möglich, wenn die staatlichen Gewalten nicht auch zugleich die Würde in den privaten Interaktionen fördern, wenn dies nicht anders möglich ist. Die Norm des 1. Artikels des Grundgesetzes ist eine personale oder doch personalbezogene Norm (und keine funktionale). Sie hat die staatliche Gewalt auch subsidiär zu schützen.

Wir müssen nun sorglichst unterscheiden zwischen abstrakten Werten (und Normen) und konkreten. Abstrakt ist ein Wert, der, obzwar schon anerkannt, doch nicht allgemeines Verhalten reguliert. Wir leben in einer Gesellschaft, in der über abstrakte Werte und Normen ein vergleichsweise hohes Maß von Konsens besteht. Das soll man nicht unterschätzen.

Man soll es aber auch nicht überschätzen. Abstrakte Werte sind wertlos. Sie ähneln Normen, die niemand befolgt. Diese sind überflüssig. Die Gefahr abstrakter Werte liegt in der Willkür ihrer semantischen und emotionalen Füllung. Ein Wert, der sich nicht in Praxis umsetzt, kann nahezu beliebig gefüllt werden, da er seine Brauchbarkeit (und das schließt auch immer die seiner konkreten Füllung mit ein) niemals beweisen muß. Es gibt eine Fülle solcher abstrakter Werte, die sich nicht in Praxis übersetzen. Man schaue sich nur einmal die Programme unserer politischen Parteien an. Da werden als Grundwerte von allen genannt: Freiheit, Gerechtigkeit, Solidarität. Alle Parteien füllen diese Begriffe semantisch anders. Da sie in praktischer Politik keine Bedeutung haben (sie spielen nur Rollen in Wahlreden oder parlamentarischen Debatten, die keine Handlungsfolgen haben), lassen sich die Füllungen nicht auf ihre Brauchbarkeit hin überprüfen. In der politischen Praxis dienen sie nur zum Transport von Emotionen, sind zu bloßen Klischees geworden, mit denen man die eigene Position zu markieren versucht.

Solche abstrakten Normen können verschleiern, daß es keine Einheit des allgemeinen Bewußtseins gibt, die einen Konsens im Bereich konkreter Werte sichert. Das allgemeine Bewußtsein ist zerfallen und mit ihm eine kollektive Orientierung. Mit dem Zerfall des allgemeinen Bewußtseins geht Hand in Hand das Auftauchen der Sinnkrise. Unter dem Schutz des allgemeinen Bewußtseins spielt sich allemal soviel Sinn ab, daß damit zu leben ist. Was sind nun die Gründe dafür, daß unter der Decke eines Konsenses über abstrakte Werte, das Normensystem zerfällt?

● Ein wichtiger Grund scheint zu sein, daß die Brauchbarkeit der überkommenen Normen für die Bewältigung der psychischen und sozialen, der ökonomischen und politischen Probleme der Gegenwart nicht ausreicht oder sogar ungeeignet ist. So beherrschen wir keine Normen, um sinnvoll mit Unterbeschäftigung, mit Aggressivität, mit ABC-Waffen, mit Aufrüstung, mit Genmanipulation, mit Oligopol-Bildung auf dem Arbeitsmarkt, mit kollektiven Schuldzuweisungen, mit dem Gastarbeiterproblem, mit politischem Terrorismus, mit Alkoholabhängigkeit, mit Hoffnungslosigkeit, mit drohender Gefahr einer atomaren Auseinandersetzung, mit Energiekrisen, mit zerstörter oder gefährdeter Umwelt, mit langfristigem Schrumpfen des Sozialprodukts, mit zerfallender Religiosität, mit Staatsverdrossenheit, mit wachsender Bürokratie, mit Einsamkeit (ohne allein sein zu können) ... umzugehen. Die Normen regeln Interaktionsmuster oder das Verhalten in psychischen Zuständen, die in der Vergangenheit einer normierenden Regelung bedurften.

● Ein anderer wichtiger Grund für die Ineffizienz des offiziell noch geltenden Normensystems scheint mir das Übermaß von Normen zu sein, das wir in den letzten Jahrzehnten produzierten. Da das Subjekt systemischer Normenregulation nicht Personen, sondern Interaktionen sind, diese sich aber aus mancherlei Gründen qualitativ sehr vermehrten, stieg auch die Menge der Normen auf ein schier unerträgliches Maß. Um überleben zu können, blieb kaum eine andere Strategie erfolgreich als die Vernachlässigung der Normen, solange ihre Beobachtung nicht von staatlichen Organen erzwungen wurde.

Das Übermaß an Normen produzierte einen Normenüberdruß. Und es scheint nicht sehr wahrscheinlich, daß das politische System seine Normenproduktion rückgängig macht.

● Ein dritter Grund für den Zerfall des Normensystems ist sicher die Weise, in der sich viele (gerade die, die Vorbilder der Normenbefolgung sein sollten) von der Beobachtung geltender Normen befreien. Eine nicht unerhebliche Normenverlogenheit, die zwar die Gültigkeit der Normen nach außen hin anmahnt, sie aber selbst nicht befolgt, führt unvermeidlich zum Normenzerfall. Viele Erzieher oder Politiker mahnen Normen an, die sie selbst nicht befolgen, und sorgen damit für den Zerfall des Normensystems.

● Endlich funktioniert der Normentransfer nicht mehr. Im Gegensatz zu den klassischen Formen des Generationenkonflikts, in denen sich junge Menschen gegen die Übernahme des alten Normensystems (meist vorübergehend) wehrten, weil sie es nicht in Einklang bringen konnten mit ihrer Werteordnung, sind heute die für den Normentransfer Verantwortlichen selbst so sehr verunsichert, daß sie, nur halbherzig oder gar nicht vom Nutzen der bestehenden Normen überzeugt, diese nicht mehr identisch weitergeben.

Aus all diesen Gründen zerfällt also das bestehende Normensystem und mit ihm auch die bestehende Wertordnung, die nur durch befolgte Normen konkret gemacht, mit sich identisch bleiben kann. Der Ungehorsam wird zum gesellschaftlichen Institut. Das ist in nahezu allen Formen der gesellschaftlichen Organisation zu beobachten, von der Familie bis hin zum Staat, von den Parteien bis hin zu den Kirchen. Vor allem in der römischen Kirche hat sich hier eine originelle, aber typische Form des institutionellen Ungehorsams breit gemacht: Viele Menschen jubeln dem Papst zu, selbst, wenn er Einstellungen oder Verhaltensweisen fordert, die niemand auch nur im entferntesten bereit ist zu beobachten.
So bleibt uns kaum etwas anderes übrig, als uns für uns selbst Basiswerte zu sichern und von hierher Verhalten zu orientieren. Die Sinnantwort ist eine solche Form der Sicherung basaler Werte.

Die Individualisierung, ja Privatisierung der Wertordnung fordert vom einzelnen ein hohes Maß sittlicher Disposition und eine ausgeprägte Fähigkeit, Realitätsablösungen wahrzunehmen.

In der Bundesrepublik stellt sich die Problematik des verlorenen Normenkonsenses besonders eindringlich dar. Eine Umfrage, die zu Beginn der 80er Jahre in 26 Ländern der Erde vorgenommen wurde (E. Noelle-Neumann) stellte jungen Menschen folgende Frage: »In welchen Bereichen haben (hatten) Sie und Ihre Eltern ähnliche Ansichten?« Es wurden fünf Normenbereiche vorgelegt. Das Ergebnis war folgendes:

	USA	EUROPA	BRD
1. Moralvorstellungen	84	63	49
2. Einstellung zur Religion	74	56	47
3. Einstellung zu anderen Menschen	70	55	44
4. Politische Ansichten	48	36	28
5. Einstellung zur Sexualität	41	23	13
arithmetisches Mittel	63	47	36

(alle Angaben in %)

Das Maß der Abweichung ist zugleich auch ein Maß für die Normenverunsicherung. Wenn in der Bundesrepublik weniger als die Hälfte der jungen Menschen die moralischen, und weniger als 30% die politischen Vorstellungen ihrer Eltern teilen, mag das nicht nur ein Beweis für den mißglückten Normentransfer sein, sondern auch für die tiefe Verunsicherung vieler junger Menschen, denen ihre soziale Umwelt keinen für sie akzeptablen Sinn mehr vorstellt.

VII.

Sinnantwort und Zielorientierung

Soll eine Sinnfrage konkret sein, muß sie prinzipiell eine
Antwort ermöglichen. Es gibt nun Formulierungen der
Sinnfrage, die von vornherein eine Antwort ausschließen.
Das hängt nicht mit der semantischen Bedeutung der Frage zusammen, sondern mit ihrer emotionalen. Die Frage
ist als ganze oder in einigen ihrer Teile mit starken emotionalen Besetzungen versehen, die praktisch eine Antwort ausschließen. Im Grenzfall hat die Sinnfrage eine
bloß provozierende oder eine rein evokatorische Bedeutung, die die Umwelt zu Hilfsaktionen oder anderen Formen des sozialen oder emotionalen Beistandes bringen
soll. Es kann durchaus sein, daß Menschen mit der Bemerkung: »Es ist doch alles sinnlos!« versuchen, sich
fremder Hilfe, fremder Sorge zu versichern. So kann die
(subjektiv durchaus als belastend empfundene) Sinnleere
durchaus dazu führen, andere Menschen emotional oder
sozial auszubeuten. Das Verliebtsein in die Sinnlosigkeit
oder doch die Sinnlosigkeitsvermutung der eigenen Existenz, kann so einen sekundären Gewinn bringen. Die
Sinnfrage wird gestellt, bleibt aber unbeantwortet, weil
die Antwort ein Leid mindert, aus dem sekundär Lust gewonnen werden kann.

Soll die Sinnantwort konkret sein, muß sie zu Handlungen führen. Eine Sinnantwort, die menschliches Verhalten nicht ändert, ist abstrakt. Sie kann zwar die Sinnfrage technisch beantworten (und so zur Kompromißbildung beitragen), gewährt jedoch keine Orientierung.

Solche abstrakten Sinnantworten finden sich vor allem bei Menschen, die ihre Orientierung aus sozialen Beziehungen (Freundschaften, Zugehörigkeit zu Gruppen, Parteien, Banden, Kirchen …) oder aus kollektiven Ideologien (Marxismus, Christentum, Hinduismus …) gewinnen, sich jedoch, wegen der starken Grupenbindung nur eine Schein-Individualität aufbauen, indem sie eine individualisierte Sinnantwort aus der kollektiven herleiten.

Abstrakt sind vornehmlich alle Sinnantworten, die unter der primären Führung des Überich (des konventionellen Gewissens oder des Ichideals) gegeben werden. Sie haben die vornehmliche Funktion, die Psyche möglichen Sanktionen durch das Überich zu entziehen. Eine Bedingung der Möglichkeit für eine konkrete (d.h. verhaltensrelevante) Sinnantwort ist die Beteiligung des orientierenden und kritischen Ich bei der Antwortfindung. Die Sinnantwort steht in enger Beziehung zu den obersten handlungsleitenden Werten, die das Ich ausbildet, um widersprechende Ansprüche aus Es, Überich und sozialem Umfeld zu koordinieren, mit dem Ziel, die (psychische und/oder soziale) Konfliktsituation, die durch solch widersprechende Forderungen entsteht, zu beheben, aufzulösen. Das Ich bestimmt durch die handlungsleitenden Werte, welche Gründe der genannten psychischen und sozialen Instanzen besonders und vor allem berücksichtigt werden sollen, wie die Gründe zu gewichten sind.

Die obersten handlungsleitenden Werte sollten nun, wenn die Sinnantwort konkret ist, im Dienste der durch die Sinnantwort gegebenen Zielorientierung stehen. Eine erhebliche Funktion der Sinnantwort ist die Orientierung: Sie soll helfen zu entscheiden, »wo es lang geht«. Die moderne Handlungstheorie nennt zumeist vor allem vier Strukturelemente menschlichen Handelns:

- Die Wahrnehmung der Situation. Zur Situation gehören die kosmischen, die sozialen, die historischen, die politischen, die kulturellen, die ökonomischen, die psychischen, die emotionalen … Vorgaben, aus denen eine Handlung hervorgeht und die sie verändern (oder in die sie doch modifizierend eingreifen).
- Die Zielorientierung, die die Art der Veränderung oder der Modifikation bestimmt, damit eine Zielvorgabe erreicht wird oder doch erreichbarer gemacht wird.
- Die Konzeption der Mittel, die Strategien prüft und plant, die es erlauben, das Ziel optimal zu erreichen.
- Ein Handlungskonzept, das die strategischen Pläne unter Berücksichtigung der situationalen Vorgaben realisiert. Im Kontext unseres Buches interessiert hier die Zielvorgabe, weil mit konkreten Sinnantworten stets auch Zielvorgaben gegeben sind. Welche Bedingungen sind zu berücksichtigen, damit die Zielvorgabe rational begründet geschieht? Im Folgenden seien einige handlungstheoretische Gedanken dazu ausgeführt.

Handeln ist nicht nur Reagieren, sondern meint zielgerichtetes Agieren. Es ist also stets an Zielen orientiert, die zukünftige Realität antizipieren (oder die Vorstellung zukünftiger Realität realisieren). Das Erreichen von Zielen bedeutet also stets die Veränderung gegenwärtiger kosmischer, sozialer, psychischer … Realität. Handeln transzendiert also stets Gegenwart und eine Realität, die sich vom Gegenwärtigen her definiert. Realität wandelt sich nicht nur, sondern ist immer auch stets wandelbar. Sie ist niemals die einzig mögliche, sie hat auch keine besondere Dignität (außer eben der, in Gegenwart zu sein). So gibt es auch keinen vernünftigen Grund, das Bestehende für so ausgezeichnet zu halten, daß es Besseres nicht geben könnte. Solche konservative Haltung dokumentiert nichts anderes als einen Mangel an Phantasie oder ein Übermaß von Angst vor Zukunft allgemein. Die konservative Zielsetzung, das Bestehende zu erhalten, und nicht zu verändern (etwa durch Entfaltung, durch Wandel, durch Minimalisierung von Mängeln), macht sich die orientierende Zielsetzung sehr einfach. Konservatismus aus Ich-Schwäche ist ein jedem Therapeuten geläufiges Symptom. Die Veränderung der gegenwärtigen Realität allein durch die Anpassung des Subjekts (auch das ist ja eine, wenn auch anspruchslose Form der Realitätsänderung), kann kaum als Zielorientierung auf Grund einer konkreten Sinnantwort produktiv genannt werden. Sie liegt hart an der Grenze zum Abstrakten.

Menschliches Handeln verbindet Gegenwart mit Zukunft. Ohne den Rahmen menschlichen Handelns wäre es nicht sonderlich sinnvoll, beide zu unterscheiden. Die Vorerfahrung des Zukünftigen definiert erst mögliche Zukunft. Dabei geht es um die konkrete Orientierung von Zukunft, um den Wandel gegenwärtiger Realität. Utopische Spekulationen (abstrakte, weil nicht gezielt und absichtlich auf zukünftige Realität hingeordnet) sind hier nicht gemeint. Diese Spekulationen bauen Wolkenkuckucksheime, um aus der Härte der Gegenwart in ein besseres Nirgendwo zu entfliehen. Ihre Konstruktion hat mit Zielorientierung nichts zu tun. Ganz ähnliches gilt für Wunschprojektionen, in denen Menschen ihre Erwartungen und Hoffnungen als realisiert in die Gegenwart projizieren und sich so aus dem Anspruch gegenwartwandelnden Handelns entlassen. Gemeint sind auch nicht kindliche (oder infantile) Identifikationen mit der Gegenwart, die sich immer dann einstellen, wenn die Grenze zwischen Selbst- und Objektrepräsentanzen (noch) nicht zureichend sicher gezogen ist. Gemeint ist vielmehr das Ausgreifen in eine als realisierbar und realisierenswert erfahrene Zukunft. Gemeint ist der sich in Handlung umsetzende Wille, Realität vom Sein zum Sollen zu ändern. An dieser Stelle kommt eine wichtige Unterscheidung ins Spiel, die gelegentlich, sehr zum Schaden rationaler Orientierung, übersehen wird: die Unterscheidung von Realität und Wirklichkeit. »Realität« (reality) bezeichnet die Menge aller durch wahre Urteile zu bezeichnenden Sachverhalte. Realität meint – etwas vereinfacht – das, was von unserer Erkenntnis unabhängig existiert, mögen es kosmische, psychische oder soziale Sachverhalte sein. »Wirklichkeit« (actuality) bezeichnet dagegen die Menge aller Überzeugungen, deren sich ein Mensch zu einem bestimmten Zeitpunkt, in einer bestimmten Situation sicher ist. Wiederum kann man – vereinfachend – sagen, Wirklichkeit sei das, von dem ein Mensch meint, daß es real so sei. Nun können wir über Realität die eigentümlichsten Vorstellungen haben, ohne das geringste von unserer Realitätsablösung zu merken. Wir neigen dazu, unsere individuelle oder kollektive Wirklichkeit für Realität zu halten. Dieser Irrtum ist häufiger Grund und Folge neurotischer und psychotischer Symptome.

Aus der Wirklichkeit geschieht die Kompromißbildung. Sie ist ihre deutlichste Konsequenz. Die Kompromißbildung würde sinnlos sein, wenn sie nicht mit der Überzeugung verbunden wäre, die Wirklichkeit sei real, denn das Ziel des Kompromisses ist eine – unter den gegebenen psychischen und sozialen Bedingungen – optimale Einrichtung in Realität.

So ist verständlich, daß ungeschulte Menschen gar nicht auf den Gedanken kommen können, ihre Wirklichkeitskonstitution sei realitätsfern organisiert. Schon der ernsthaft realisierte Gedanke an solche Diskrepanz wird die bestehende Kompromißbildung in Frage stellen, sie labilisieren. Da nun aber eine (dauernde) Labilisierung der Kompromißbildung die narzißtische Homöostase labilisiert, wird sie meist heftig abgewehrt. Es sind ganze philosophische Systeme entstanden, um solche Abwehr zu rechtfertigen (etwa die des Idealismus, nach dem das erkennende Subjekt im Erkennen Realität schafft). Man kann die nachsokratische europäische Philosophie geradezu als Versuch beschreiben, über Begriffs- oder Erkenntnistheorien dieser Abwehr wissenschaftliche Würde zu geben.

Die Realität, die Menschen schaffen auf Grund der Verwechselung der Wirklichkeit mit Realität, nennen wir »Kulturrealität«, »Kulturwelt«. Diese Kulturwelt wird, wegen der ihr zugrundeliegenden Ablösung von der Naturrealität vermutlich in dem Umfange zum kollektiven Selbstmord der Menschen führen, wie sie in der Lage sind, ihre Kulturwelt gegen Naturwelt durchzusetzen. Letztere pflegt sich zu wehren.

Die Wirklichkeit wird konstituiert durch Phantasie und Denken. Beide verarbeiten Eindrücke aus der Sinnenwelt und konstruieren daraus neue Sachverhalte. Diese gehören der Wirklichkeit an, nicht der Realität. Das soll nun nicht heißen, daß die Inhalte der bloßen (von Realität abgezogenen) Wirklichkeit nicht real seien. Sie konstituieren eine subjektive Realität – und weil Menschen ihr Verhalten nach Maßgabe ihrer Wirklichkeitskonzeption zu organisieren pflegen, Verhalten aber in Realität eingreift, wäre es falsch, realitätsfremde Wirklichkeit für realitätsirrelevant zu halten. Ein Großteil von Realität wird produziert, weil Menschen ein realitätsfremdes Bild von Realität haben.

Für unsere Überlegungen zum Realitätswandel durch zielorientiertes Handeln ist es von erheblicher Bedeutung, Kriterien ausfindig zu machen, die darauf hinweisen, daß Wirklichkeit realitätsabgelöst oder gar realitätswidrig aufgebaut wurde.

Realität und Wirklichkeit sind auf eine zweifache, empirisch auszumachende Weise miteinander verbunden: (1) Realität wehrt sich gegen Handlungen aus realitätsabgelöster Wirklichkeit (in der Regel jedenfalls), indem der erwartete Handlungserfolg nicht eintritt. (2) Realitätsgerechte Wirklichkeit bedingt eine vermehrte Fitness, sich in Welt effizient, und damit selektionsvorteilig einzurichten. Realität und Wirklichkeit sind also durch Widerstands- und Fitnessrelation miteinander verbunden. Wer sich durch seine Sinnantwort so in Welt orientiert, das, sein Handeln ineffizient bleibt oder immer wieder (ihm oft unverständliche) psychische und/oder soziale Konflikte produziert, sollte davon ausgehen, daß seine Wirklichkeitskonstruktion unteroptimal ist.

Im Komplex optimaler Zielorientierung wollen wir kognitive und affektive Faktoren unterscheiden.

(1) Kognitive Faktoren in einer effizienten Zielorientierung.

Man unterscheidet mit guten Gründen zwei persönlichkeitsbedingte Muster in der Organisation von Zielen: die elaborierte und die restringierte Zielordnung.

Menschen, die ihre Ziele elaboriert organisieren, sind meist recht unabhängig in ihrem Urteil und gelten somit als kritisch und nicht unbedingt zu sozialem Konformismus neigend. Sie sind in aller Regel stark zukunftsorientiert und wenig an konservativen oder gar restaurativen Ideologien interessiert. Sie schätzen meist die Risiken ihrer Entscheidungen und Handlungen realitätsgerechter ein. Sie verfügen oft über ein strategisches Netzwerk, das es ihnen erlaubt, über verschiedene strategische Maßnahmen ihr Ziel zu erreichen. Im allgemeinen sind sie weniger optimistisch.

Im Gegensatz dazu neigen Menschen mit einer restringierten Zielorientierung dazu, sich in ihrer Orientierung an allgemeine Überzeugungen, an Wünsche, an Fremderfahrungen anzulehnen. Sie bevorzugen häufiger eine konservative Grundeinstellung. In der Regel denken sie nicht in Netzwerken, sondern linear und sehen deshalb nur eine zum Ziel führende Strategie. Ist diese nicht erfolgreich, geben sie leicht das Mühen um Handeln auf, das sie ihren Zielen näherbringt. Sie identifizieren sich mit kollektiven Zielen und können so (im Schutze des Kollektivs) ihr Ziel dennoch erreichen oder sich ihm doch annähern. Sie können aber auch leicht von der konsequenten Zielverfolgung abgebracht werden, wenn sie auf ein Zwischenziel affektiv fixiert werden. Dieses wird dann (oft für lange Zeit) zum Hauptziel, zum Lebensziel. Im ganzen sind diese Menschen eher heteronom organisiert. Sie sind eher überzeugt, daß das Schicksal oder fremde Mächte (Gott, Engel, Teufel ...) ihr Leben mehr bestimmen als ihr eigenes Handeln.

Ob ein Mensch eine elaborierte oder restringierte Form der Zielorientierung bevorzugt, hängt von seiner Sozialisation ab. Wurde er zur Autonomie gebildet, wird er einen elaborierten Stil wählen, wurde er zur Abhängigkeit erzogen, eher einen restringierten. Beide Stile haben ihre Vorteile. So wird der restringierte Typ seltener existentiell unter der Sinnproblematik leiden. So wird der elaborierte eher um sich herum etwas verändern.

Von besonderer Bedeutung für den kognitiven Aspekt der rationalen Zielorientierung ist die subjektive Theorie von Realität, über die ein Mensch verfügt. Sie ist durch die subjektive Wirklichkeit weitgehend bestimmt. Hier stellen sich für jede Zielorientierung wesentliche Fragen:

(1) Was ist gegenwärtig real?

Die Realitätserkenntnis eines Menschen kann, wie gesagt, durch die Vorgaben seiner Wirklichkeit, die einen wesentlichen Aspekt seiner Kompromißbildung ausmacht, erheblich gestört sein. Selektive und projektive Wahrnehmungen sind die häufigsten Störungen. In der selektiven Wahrnehmung wird alles das herausgefiltert, was nicht in den Horizont des Erklärlichen, des Erwarteten, des Interessierenden paßt. So wird ein Systemkritiker kaum Sachverhalte wahrnehmen, die für den Bestand der bestehenden Ordnung sprechen; so wird ein Mensch, der sich für sich selbst interessiert, kaum die Sorgen seiner Mitwelt wahrnehmen (geschweige denn verstehen).

In der projektiven Wahrnehmung werden die eigenen Interessen, Erwartungen, Erklärungen … in die Sachverhalte hineingelesen. Damit wird ihre Realität ergänzt, ähnlich wie sie in der Selektion verkürzt wird. So werden viele Menschen, die einen fallenden Apfel sehen, zugleich die Erklärung mitwahrnehmen, die Erde ziehe den Apfel an, weil andernfalls der Fall nicht erklärlich erschiene. So wird ein klassenkämpferisch eingestellter Mensch alle unternehmerischen Entscheidungen als Strategie zur perfekteren Ausbeutung wahrnehmen …

(2) Was soll sein?

Hier werden die individuellen und kollektiven Wertvorgaben ungeprüft und oft auch unprüfbar miteingehen. Wir alle stehen trotz aller Wertkrisen in einer Werttradition, die wir nicht verlassen können. Werte sind oft durch die kulturellen (etwa religiösen) Vorgaben durch Jahrhunderte vergleichsweise konstant definiert worden. Sie gehören zur Selbstverständlichkeit eines sozio-kulturellen Systems. Für uns ist das etwa die Überzeugung, die menschliche Person sei Selbstzweck und dürfe niemals zum bloßen Mittel gemacht werden. Der 1. Artikel des Grundgesetzes steht außer jeder Diskussion – zumindest in der Theorie.

Daß mitunter die staatliche Gewalt dazu tendiert, sich selbst für das höchste zu schützende Rechtsgut zu halten, ist eine andere Frage, die mit der Trennung der Werte in systemische und personale zusammenhängt. Nun ist aber die Festlegung, die menschliche Person sei letzter Zweck allen Handelns, sozio-kulturell bestimmt. Im hinduistischen Kulturraum ist es das Leben, das zu schützen höchster Handlungszweck ist.

Was sein soll wird bestimmt durch das Triebschicksal eines Menschen. Letztlich soll sein Lustgewinn und Unlustvermeidung. Welche Erfahrungen ein Mensch im Laufe seines Lebens machte, dieses psychische Elementarziel zu erreichen, wird maßgeblich seine Einstellung zu Werten bestimmen – sehr viel mehr jedenfalls als alle Vernunft, die in der Regel nur die Funktion hat, im nachhinein diese Wertordnung zu rechtfertigen.

(3) Was kann sein?

Hier werden sich die Erfahrungen eines Menschen verdichten, durch sein Handeln etwas verändern zu können.
Wer als Kind kaum etwas anderes erfuhr als Ohnmacht
vor den Ansprüchen anderer Menschen, wird zwar in
Phantasiewelten wirkungsvolles Handeln erträumen,
nicht aber in der Realität praktizieren. Er wird letztlich
davon überzeugt sein, daß er doch nichts ändern könne,
weder am eigenen Schicksal noch an sozialen oder ökonomischen oder politischen oder kulturellen ... Verhältnis-
sen. Seinen Allmachtsträumen entspricht reales Ohn-
machtswissen. Wer aber als Kind erfuhr, daß aktives
(nicht nur reaktives) Handeln, Situationen neu definieren
und damit grundsätzlich veränderbar machen kann, wird
der festen Überzeugung sein, daß sein Handeln Realität in
seinem Sinne neu gestalten kann.
Es gibt Menschen, die ihre Sinnantwort nicht vor dem
Horizont des Möglichen prüfen. Sie stellen sich erst gar
nicht die Frage, was denn sein könne. Damit aber wird die
Sinnantwort, die Zielorientierung abstrakt, sie führt nicht
zu effektivem Handeln.
Vermutlich wäre es vernünftiger, die Frage, was sein
kann, der Frage, was sein soll, voranzustellen. Doch ist
solche Vernunft meist nur da anzutreffen, wo Menschen
schon erhebliche Erfahrungen mit effizienten Strategien
gemacht haben. In der Praxis der Formulierung von Sinnantworten ist eine solche Reihung jedenfalls außerordentlich selten. Nur wenige Menschen prüfen vor der Sinnantwort, ob sie den realen Vorgaben der Innen- und Außenwelt zureichend gerecht wird. Diese Methode ist so lange
unbedenklich, wie ein Mensch sich die innere Freiheit be-
wahrt, eine basale Zielorientierung zu korrigieren.

(4) Mit welchen Widerständen muß ich rechnen?

Es gibt sehr verschiedene Typen von Widerständen:

- Widerstände, die die Naturrealität meinen Handlungen entgegensetzt. Hier muß ich mich fragen: Steht es in meiner Macht, die Naturrealität so zu ändern, daß meine Handlungen den gewünschten Erfolg haben können. Da zur Naturrealität keineswegs nur die uns umgebende anorganische oder organismische Natur gehört, sondern auch unsere gesellschaftliche Umgebung und unsere eigene Psyche, ist die Frage gar nicht leicht zu beantworten.

- Widerstände, die die Kulturrealität leistet. »Kulturrealität«, das meint die von uns Menschen unter den Bedingungen unseres Bewußtseins geschaffene Realität. Auch sie hat kosmische, soziale und psychische Anteile. Insofern diese Realität von uns Menschen hervorgebracht wird, steht sie sehr viel leichter zur Disposition als die Naturrealität. Sollte ich feststellen, daß meine basale Zielorientierung einzelnen Momenten der Kulturrealität widerspricht, werde ich, vorausgesetzt meine Zielorientierung ist stark werthaft besetzt und rational zu rechtfertigen, vieles daransetzen, die Kulturrealität so zu verändern, daß meine Handlungen zum gewünschten Erfolg führen.

- Widerstände, die die Wirklichkeit hervorbringt. Solche Widerstände tauchen vor allem dann auf, wenn meine Zielorientierung meinen Überich-Inhalten (etwa denen des Gewissens) widerspricht. Habe ich nicht gelernt, mit einem gewissen Maß von Angst oder Scham, von Schuld- oder Mindergefühlen zu leben, werde ich vor diesem Widerstand entweder meine Orientierung auf-

geben oder aber in die Ineffizienz der Abstraktion flie-
hen. Nicht wenige Menschen scheitern mit ihren Sinnantworten vor diesem Widerstand, vor allem dann,
wenn in ihrem Überich eine bedingungslos strafende
Instanz (etwa ein mit ewiger Verdammnis drohender
Gott) eingebaut worden ist.

(5) Welche Strategien stehen mir zur Verfügung, mit Widerständen fertigzuwerden?

Nur wenige Menschen sind bereit, bei ernsthaften Widerständen alle ihnen möglichen Strategien einzusetzen, sie
zu überwinden. So ist für viele die sachkundige Hilfe
durch einen Therapeuten tabuisiert. Andere sind nicht
bereit, soziale Sicherheit zu riskieren, selbst wenn sie erkennen, daß der soziale Hort, den sie beruflich und privat
eingerichtet haben, Leben mindert, Entfaltung verhindert. Sie führen lieber ein geschütztes Kümmerdasein, als
bereit zu sein, um der Lebensentfaltung willen soziale Sicherheit zu riskieren. So halten nicht wenige Menschen an
einer nach innen zerbrochenen Partnerschaft fest, weil sie
ihnen einen gewissen sozialen Schutz und eine gewisse soziale Geborgenheit bietet. So bleiben nicht wenige in einer bestimmten beruflichen Position, weil sie ihnen Sicherheit bietet, wennschon sie sich in ihr nicht (mehr) entfalten können. Wieder andere Menschen klammern sich
an ihre Vorurteile, weil sie ihnen Schutz vor Desorientierung und intellektueller Mühe bieten. Andere sind nicht
bereit, ihre ideologischen Vorgaben in Frage stellen zu
lassen ... Wir sehen also, daß die meisten von uns Grenzen haben, die sie unfähig machen, optimal Strategien einzusetzen, um die basale Zielorientierung praktisch zu machen.

(6) Welche Zwischenziele sind akzeptabel?

Nur selten läßt sich eine Lebensorientierung ohne Zwischenziele praktisch machen. Im Gegenteil: Oft sind es gerade die Zwischenziele, die erst das Hauptziel erläutern und verständlich machen. In den Zwischenzielen wird das Hauptziel praktisch – und das alltäglich. So ist es denn von entscheidender Bedeutung, daß ich mir über die Art und die Akzeptanz der Zwischenziele Gewißheit verschaffe:

● Welche Zwischenziele sind notwendig, um mein Hauptziel zu erreichen? Ist Hauptziel etwa die Entfaltung von Leben, sind unvermeidbare Zwischenziele auf die Verträglichkeit mit dem Hauptziel zu prüfen. Man kann nur eine biophile Zielorientierung praktisch machen, wenn sie in jeder wichtigeren Entscheidung mitbedacht wird.

● Welche Zwischenziele bin ich bereit zu akzeptieren, um mein Hauptziel zu erreichen? Bin ich etwa bereit, mich politisch und ökonomisch zu integrieren, selbst wenn diese Integration einem nekrophilen System gilt? Welche Kompromisse bin ich bereit zu schließen, um mein Hauptziel zu erreichen? Welche Mittel werden durch den Zweck geheiligt?

Alle Mittel, die ich einsetze, um mein Ziel zu erreichen, haben Nebenwirkungen, die oft mit meinem Ziel unverträglich oder doch vor dem Anspruch meines Ziels unerwünscht sind. Hier muß ich, um zu einer vernünftigen Kompromißbildung zu gelangen, in der Lage sein, Güter gegeneinander abzuwägen. Eine verantwortete Güterabwägung setzt aber voraus, daß ich über eine sittlich gerechtfertigte ethische Theorie verfüge, die es mit erlaubt,

Güter zu hierarchisieren, Schäden gegen Güter abzuwägen. Wann ist es etwa vor dem Anspruch des Biophilie-Postulats erlaubt, einen Mitarbeiter zu entlassen, um den Abteilungsfrieden wieder herzustellen? Die Antworten auf diese und ähnliche Fragen setzen voraus, daß ich über einen Maßstab verfüge, der soziales, physisches, psychisches … Leben und seine Entfaltung vergleichbar macht. Dieser Maßstab kann nur durch die Verfügung über eine ethische Theorie praktisch werden.

Ferner sollte ich über eine rational begründete Entscheidungstheorie verfügen. Wie entscheide ich mich unter Risiko, wie unter Unsicherheit? Des weiteren ist es nützlich, über eine Matrix zu verfügen, in der die gängigsten Zwischenziele eingebracht worden sind. Sie spannt ein Netzwerk auf, das es mir gestattet, aus einer Vielzahl von Zwischenzielen das im Augenblick optimale auszuwählen.

Um optimal zu entscheiden, sollte ich über eine vieldimensionale Matrix verfügen. Die wichtigsten Dimensionen sind:

● Das Hauptziel muß erreichbarer werden. Ausgeschlossen werden also alle Zwischenziele, die vom Hauptziel entfernen oder den Antrieb, das Hauptziel zu erreichen, erheblich mindern. Zwischenziele, die so angelegt sind, daß sie, gemessen an der Bedeutung ihrer Hinordnung auf das Hauptziel, einen unangemessenen psychischen, sozialen, emotionalen Aufwand erfordern, sind soweit als möglich zu meiden. Ebenso sind Zwischenziele, die von ihrer emotionalen, erotischen oder aggressiven oder narzißtischen Besetzung her erwarten lassen, daß ich sie, wenigstens vorübergehend, als so zentral erfahre, daß ich über sie das Hauptziel vergesse, ebenfalls kontraproduktiv.

- Es dürfen keine unbeherrschbaren Konflikte durch das Zwischenziel bzw. die Handlungen, die darauf abzielen, es zu erreichen, ausgelöst werden. Unbeherrschbar ist ein Konflikt, wenn die soziale und/oder psychische Situation der Konfliktinstanzen eine Auflösung des Konfliktes nicht gestattet. So wäre ein Zwischenziel, das etwa zu einem unauflösbaren Konflikt – bei einer sonst im wesentlichen intakten Ehe – mit dem Partner führt, zweifelsfrei kontraproduktiv.

- Das Zwischenziel selbst sollte, soweit irgend möglich, sozial verträglich sein und eher helfen, Sympathiefelder aufzubauen. Führen mich meine Zwischenziele aus sozialen Bindungen heraus, spielen sie mir eher Antipathie als Sympathie zu, ist sehr wohl zu überlegen, ob das Zwischenziel bzw. die zu ihm hinführenden Handlungen nicht kontraproduktiv sind. Die Vermutung, sei seien kontraproduktiv ist ausdrücklich zu widerlegen.

- Die psychische Kompromißbildung sollte nicht unkalkuliert gefährdet werden. Ein bewußtes Ausbrechen aus dem Anspruch des Lustprinzips ist zwar in aller Regel eine Täuschung, die verkennt, daß alles Bewußte im Dienst der Stabilisierung der narzißtischen Homöostase steht, dennoch kann ein erheblicher autoaggressiver Drang einen Menschen dazu bringen, sich psychisch oder sozial zu gefährden (wennschon auch dies im »höheren Dienst« eines Stabilsierungsversuches stehen wird).

- Auch ist zu bedenken, ob die Wahl des Zwischenziels und die der zu ihm führenden Handlungen durch Wiederholungszwänge vorgegeben ist, so daß sein Charakter als Zwischenziel auf einer Täuschung im Dienst des

Wiederholungszwangs beruht. Unbewußte Wiederholungszwänge pflegen sich mit allen möglichen (bewußten) Motiven zu maskieren, um sich zu schützen. Es gehört einige Routine dazu, den eigenen Wiederholungszwängen (vor allem den psychisch und sozial störenden) auf die Spur zu kommen. Ein Hinweis, daß ein Verhalten von Wiederholungszwängen bestimmt sein könnte, ist die Erfahrung, daß es zu einem Muster von Verhaltensweisen gehört, die regelmäßig nicht den gewünschten oder erwarteten Erfolg haben.

● Welche Zwischenziele bin ich bereit zu akzeptieren, um mein Hauptziel zu erreichen? Bin ich etwa bereit, mich politisch und ökonomisch zu integrieren, selbst wenn diese Integration einem nekrophilen System gilt? Welche Kompromisse bin ich bereit zu schließen, um mein Hauptziel zu erreichen? Welche Mittel werden durch den Zweck geheiligt?

Alle Mittel, die ich einsetze, um mein Ziel zu erreichen, haben Nebenwirkungen, die oft mit meinem Ziel unverträglich oder doch vor dem Anspruch meines Ziels unerwünscht sind. Hier muß ich, um zu einer vernünftigen Kompromißbildung zu gelangen, in der Lage sein, Güter gegeneinander abzuwägen. Eine verantwortete Güterabwägung setzt aber voraus, daß ich über eine sittlich gerechtfertigte ethische Theorie verfüge, die es mit erlaubt, Güter zu hierarchisieren, Schäden gegen Güter abzuwägen. Wann ist es etwa vor dem Anspruch des Biophilie-Postulats erlaubt, einen Mitarbeiter zu entlassen, um den Abteilungsfrieden wieder herzustellen? Die Antworten auf diese und ähnliche Fragen setzen voraus, daß ich über einen Maßstab verfüge, der soziales, physisches, psychisches ... Leben und seine Entfaltung vergleichbar macht.

Dieser Maßstab kann nur durch die Verfügung über eine ethische Theorie praktisch werden.

Ferner sollte ich über eine rational begründete Entscheidungstheorie verfügen. Wie entscheide ich mich unter Risiko, wie unter Unsicherheit? Des weiteren ist es nützlich, über eine Matrix zu verfügen, in der die gängigsten Zwischenziele eingebracht worden sind. Sie spannt ein Netzwerk auf, das es mir gestattet, aus einer Vielzahl von Zwischenzielen das im Augenblick optimale auszuwählen.

Beim Erstellen einer solchen Matrix sind folgende Aspekte zu berücksichtigen:

- Das Hauptziel muß erreichbarer werden. Ausgeschlossen werden also alle Zwischenziele, die vom Hauptziel entfernen oder den Antrieb, das Hauptziel zu erreichen, erheblich mindern. Zwischenziele, die so angelegt sind, daß sie, gemessen an der Bedeutung ihrer Hinordnung auf das Hauptziel, einen unangemessenen psychischen, sozialen, emotionalen Aufwand erfordern, sind soweit als möglich zu meiden. Ebenso sind Zwischenziele, die von ihrer emotionalen (erotischen oder aggressiven oder narzißtischen) Besetzung her erwarten lassen, daß ich sie, wenigstens vorübergehend, als so zentral erfahre, daß ich über sie das Hauptziel vergesse, ebenfalls kontraproduktiv.

- Es dürfen keine unbeherrschbaren Konflikte durch das Zwischenziel bzw. die Handlungen, die darauf abzielen, es zu erreichen, ausgelöst werden. Unbeherrschbar ist ein Konflikt, wenn die soziale und/oder psychische Situation der Konfliktinstanzen eine Auflösung des Konfliktes nicht gestattet. So wäre ein Zwischenziel, das etwa zu einem unauflösbaren Konflikt – bei einer sonst im wesentlichen intakten Ehe – mit dem Partner führt, zweifelsfrei kontraproduktiv.

- Das Zwischenziel selbst sollte, soweit irgend möglich, sozial verträglich sein und eher helfen, Sympathiefelder aufzubauen. Führen mich meine Zwischenziele aus sozialen Bindungen heraus, spielen sie mir eher Antipathie als Sympathie zu, ist sehr wohl zu überlegen, ob das Zwischenziel bzw. die zu ihm hinführenden Handlungen nicht kontraproduktiv sind. Die Vermutung, sie seien kontraproduktiv, ist ausdrücklich zu widerlegen.

- Die psychische Kompromißbildung sollte nicht unkalkuliert gefährdet werden. Ein bewußtes Ausbrechen aus dem Anspruch des Lustprinzips ist zwar in aller Regel eine Täuschung, die verkennt, daß alles Bewußte im Dienst der Stabilisierung der narzißtischen Homöostase steht, dennoch kann ein erheblicher autoaggressiver Drang einen Menschen dazu bringen, sich psychisch oder sozial zu gefährden (wennschon auch dies im »höheren Dienst« eines Stabilsierungsversuches stehen wird).

- Auch ist zu bedenken, ob die Wahl des Zwischenziels und die der zu ihm führenden Handlungen nicht durch Wiederholungszwänge vorgegeben ist, so daß sein Charakter als Zwischenziel auf einer Täuschung im Dienst des Wiederholungszwangs beruht. Unbewußte Wiederholungszwänge pflegen sich mit allen möglichen (bewußten) Motiven zu maskieren, um sich selbst zu schützen. Es gehört einige Routine dazu, den eigenen Wiederholungszwängen (vor allem den psychisch und sozial störenden) auf die Spur zu kommen. Ein Hinweis, daß ein Verhalten von Wiederholungszwängen bestimmt sein könnte, ist die Erfahrung, daß es zu einem Muster von Verhaltensweisen gehört, die regelmäßig nicht den gewünschten oder erwarteten Erfolg haben.

● Ferner soll bedacht werden, ob es sich bei der Auswahl des Zwischenziels oder der zu ihm hinführenden Handlungen nicht um Abwehrstrategien handelt, die einzig den Zweck verfolgen, das Bewußtsein von belastenden Vorstellungen zu befreien, um so eine erträgliche Selbstwahrnehmung zu sichern. So kann etwa eine Eigenschaft, die ich bei mir selbst auf Grund von Über-ich-Verboten nicht dulden kann (etwa die homosexuellen Anteile meiner psychischen Ausstattung, meine Neigung, Zusagen nicht einzuhalten, meine Tendenz, mich schuldig zu fühlen ...), auf einen anderen Menschen projiziert werden. Da ich nun das Böse bei mir selbst nicht mehr entdecke (etwa anderen Menschen Schuld zuzuteilen, um mein Eigenbild, schuldlos zu sein, zu stabilisieren), ist das Übel mit eigenen Mitteln nicht mehr zu beheben. Alle Versuche, meine Umwelt entsprechend einzurichten, zu selektieren, zu erziehen, müssen scheitern, da das Übel keines der Umwelt ist, sondern in meiner eigenen Psyche begründet liegt. Aus zahlreichen therapeutischen Gesprächen weiß ich, daß Abwehrmechanismen die Hauptgegner einer effizienten Zielorientierung sind. Sie verhindern ebenfalls nicht selten, daß die Organisation der Zwischenziele optimal geschieht.
Da an dieser Stelle keine ausführliche Einleitung in die psychoanalytische Theorie der Abwehrstrategien gegeben werden kann, empfehle ich Ihnen zur Vertiefung die Lektüre meines Buches »Bild des Menschen – Psychoanalyse für die Praxis«.

(2) Affektive Faktoren in einer effizienten Zielorientierung.

Sicherlich sind wir schon einer Reihe affektiver Faktoren bei der Darstellung der kognitiven begegnet, da Erkenntnis und Emotionen in einem oft sehr engen Wechselspiel miteinander verbunden sind. Erkenntnis kann durch Emotionen bestimmt, selektiert, erstellt, modifiziert werden. Emotionen werden zumeist durch bewußte oder unbewußte Wahrnehmungen ausgelöst.

Wir leben in einer Welt, die von Emotionen bestimmt wird. Zwar sind die meisten Menschen der (objektiv) falschen Überzeugung, die Motive ihrer Entscheidungen seien durch rationales Planen zustande gekommen. Doch steht auch rationales Planen im Dienst des Lustprinzips, sei es, daß das Lustprinzip das Planen bestimmt oder aber – und das ist sehr viel häufiger – daß das Ungeplante im nachhinein als Plan bestimmt wird, indem rationale Gründe (oder das, was man dafür hält) nachgeschoben werden. Es ist eine gut gesicherte psychoanalytische Theorie, daß uns Menschen die eigentlichen Ziele unseres Handelns oft nicht bewußt sind (etwa die Realisation des Lustprinzips oder die von Wiederholungszwängen). Ausschließliches Ziel unseres Handelns ist die Sicherung der narzißtischen Homöostase. Da die Sicherungsfrage nicht in jeder Situation neu geprüft werden kann, bilden wir Kompromisse, die einen relativ stabilen Rahmen sichern, innerhalb dessen wir uns bewegen können, ohne die narzißtische Homöostase zu gefährden. Das Lustprinzip steht in unbedingtem Auftrag der Sicherung der narzißtischen Homöostase. Die Kompromißbildung zieht den Rahmen der Strategien, dieses Ziel unter standardisierten Rahmenbedingungen durch Handeln zu erreichen.

Nun könnte man meinen, daß damit jene Freiheit ausgeschlossen sei, die nötig ist, um rational eine bewußte Zielorientierung zu begründen. Das aber scheint nur so. Wenn man mit »Freiheit« eine Fähigkeit bezeichnet, willkürlich und undeterminiert zwischen einer Vielzahl von Möglichkeiten zu wählen, dann allerdings schließt die psychoanalytische Theorie Freiheit aus (besser: erklärt sowohl ihre Erfahrung als ihre Behauptung als Ausdruck einer Kompromißbildung unter bestimmten psychischen und sozialen Bedingungen). Versteht man unter »Freiheit« jedoch die Fähigkeit, sich erkannte Notwendigkeiten dienstbar zu machen, dann ist die Psychoanalyse nicht nur eine Theorie über Freiheit, sondern versucht in der Praxis, Menschen zu befreien (d.h. zur Freiheit fähig zu machen).

Es wird allgemein angenommen, daß wir Naturgesetze (und die von ihnen ausgehenden Zwänge) nicht aufheben können. Aber wir können sie uns nutzbar machen, können sie beherrschen und in unseren Dienst stellen. Die aus den Naturwissenschaften entlassene Technik ist ein grandioser Beweis dieser These.

Ähnliches aber gilt auch für die Regeln psychischer und sozialer Abläufe. Kenne ich sie, kann ich sie in Dienst nehmen. Kann ihnen Ziele vorgeben, in deren Dienst sie stehen. Wie ein Ingenieur eine Brücke baut, indem er sich die Gesetze der Statik zu eigen macht, kann ich meinem Leben eine Sinnorientierung geben, indem ich mir die Regeln zunutze mache, die soziale und psychische Abläufe bestimmen. Ähnlich wie die Brücke nicht eine notwendige Folge der Naturgesetze ist (sondern eine deren sinnvoller Anwendungen), ist eine zielorientierende Sinnantwort nicht unbedingt ein Ergebnis psychischer Regelmechanismus, sondern kann, wenn ich ihnen nicht mehr hilflos ausgeliefert bin, sondern sie kenne, zum sinnvollen An-

140

wendungsfall dieser Mechanismen werden. Eine unvermeidliche Voraussetzung ist jedoch die Kenntnis dieser Mechanismen. Beherrsche ich sie, kann ich innerhalb des von ihnen gesetzten Rahmens meine basale Zielorientierung »frei« wählen.

Es gibt selbstredend einen Unterschied in der Beherrschung von Naturgesetzen und psychischen Regeln. Leicht läßt sich argumentieren, daß der Ingenieur, der »frei« eine Brücke plant und baut, durchaus unter psychischem Zwang stehen kann. Somit sei die Beherrschung der Naturgesetze etwas grundlegend anderes, weil ich zwar über den Naturgesetzen stehen könne, indem ich mich, sie erkennend, über sie stelle, nicht aber über den psychischen Gesetzen, weil ich selbst in deren Erkenntnis in ihnen bleibe (und niemals kognitiv über ihnen stehen kann). Dieser Einwand ist sicher berechtigt, er übersieht aber, daß das Lustprinzip etwa keineswegs immer nur eine Handlung als Ausgang einer Wahl zuläßt. Es gestattet alle Ausgänge, die Lustgewinn versprechen oder doch Unlust vermeiden. Und das sind gelegentlich eine ganze Reihe.

An dieser Stelle muß erklärt werden, was ein »Motiv« ist, denn Motive sind das, was uns zum Handeln bringt. Sie machen, daß wir dieses tun und jenes unterlassen. Motive sind also die Bedingung der Möglichkeit von Handeln überhaupt. Nun ist zwar Handeln oft intersubjektiv beobachtbar und kann deshalb auch zum Gegenstand von Wissenschaften (den Handlungswissenschaften) gemacht werden. Motive sind dagegen stets subjektiv und deshalb singulär. Sie können nicht generalisiert werden, weil niemals sicher festzustellen ist, ob identische Motive vorliegen, wenn sie identisch formuliert werden und zu identischen Handlungen führen. Der Grund ist einfach: Es läßt sich nicht sicher ausmachen, ob Menschen genau das gleiche meinen, wenn sie etwas sagen, vor allem, wenn emotionale Bedeutungen von Worten und Sätzen und emotionale oder wertende Besetzungen von Sachverhalten im Spiel sind. Das aber ist im Fall der Motive die Regel.

»Motive« sind genauerhin Dispositionen für eine bestimmte Weise zu handeln, die durch psychische und soziale Auslöser (Stimuli) in einer als real vorgestellten (aber wirklichen) Situation aktualisiert werden und das Ziel haben, Triebe (nach den Regeln des Lustprinzips) oder Bedürfnisse (als Triebabkömmlinge) zu befriedigen. Da weder die Auslöser, noch die Situation, noch das Bedürfnis bewußt sein müssen, steht zu erwarten, daß zumindest oft eines dieser drei unbewußt ist. Wir sprechen dann von einem unbewußten Motiv.

Es ist nun eine wichtige Aufgabe jeder Selbstbildung, in wichtigen Entscheidungssituationen die Motive, soweit als möglich, bewußt machen zu können. Ihre Bewußtheit ist die Voraussetzung für eine mögliche Kontrolle durch das kritische Ich und damit für jede Form von ich-geleitetem Entscheiden und Handeln.

Da die Kenntnis der tatsächlichen (und nicht sekundär rational nachgeschobenen) Motive Voraussetzung der Bedingung von sittlichem Handeln überhaupt ist, sollten wir uns schon einige Mühe geben, die psychischen und sozialen Mechanismen aufzuklären, die Motive hervorbringen. Gegen Ende des Buches will ich versuchen, hier einige Hilfestellung zu geben, insofern das ohne kritische Begegnung möglich ist, die allein die Wahrscheinlichkeit verringert, nicht im Käfig seiner Lebenslügen gefangen zu bleiben.

Wann ist die Motivlage ideal? Ideal sei dann eine Motivlage, wenn die emotionalen Reaktionen, die eine Motivbildung, die nachfolgende motivierte Handlung und das Handlungsergebnis (also die durch sie geschaffene psychische und soziale Situation) begleiten, emotional positiv sind.

Diese Definition, die dem »emotionalen Urteil« eine solche Bedeutung beimißt, hat die Rolle der Emotion zu rechtfertigen. Mit welchem Grund kann man annehmen, daß eine positive emotionale Reaktion die Annahme begründet, sich realitätsgerecht zu verhalten? Hier mag eine Theorie von Konrad Lorenz fruchtbar sein, der mit guten Gründen vermutete, daß unsere Emotionen Reste subjektiver Entsprechungen eines einmal sehr ausgeprägten instinktgeleiteten Verhaltens sind. Als rudimentäre Instinkte haben sie zwei Eigenschaften:

(1) Sie sind artspezifisch und deshalb für alle Menschen gleichartig (wenigstens was den Rahmen betrifft, innerhalb dessen sie sich aus den Trieben entwickeln können) und somit verständlich.

(2) Sie sind realitätsorientiert. Diese Realitätsorientierung hat sich im Selektionsprozeß herausgebildet, insofern Lebewesen mit einer Instinktausstattung, die zu realitätsabgelöstem Verhalten motiviert, früher oder später aussterben.

Somit kann das »gute Gefühl« als Ausweis hoher Realitätsdichte dienen, wenn das Triebschicksal eines Menschen (also die Übersetzung von Trieben in Bedürfnisse und Emotionen) gesund verlief und hier keine Fehler vorkamen, die zu Fehlbildungen führten.

Ignatius von Loyola hat in einer gelegentlich genialen Intuition, Natürliches mit Religiösem zu verbinden, in seinen »Regeln der Wahl« ganz Ähnliches vermutet. So empfiehlt er Menschen, das zu tun, was ihnen im Bedenken des Tuns das beste Gefühl vermittelt, vorausgesetzt, sie seien »im Stande der Gnade«.

Nun ist die Situation der idealen Motivierung selten gegeben. Das kann vielerlei Gründe haben:

- Es kann die emotionale positive Besetzung eines notwendigen Zwischenzieles fehlen.
- Es können sich andere Ziele mit starken Besetzungen in den Vordergrund spielen. Übrigens hat Ignatius in seinen »Geistlichen Übungen« eine religiös begründete Strategie entwickelt, solche Abweichungen zu erkennen und – gegebenenfalls – rückgängig zu machen.
- Es können Zwischenziele emotional so stark besetzt werden, daß ein Weitergehen praktisch unmöglich wird.

Pathologisch ist eine Abweichung von der idealen Motivierung dann, wenn entweder den Emotionen ihre Instinktsicherheit verlorenging, oder aber Emotionen (etwa Ängste oder Schuldgefühle) Sperren aufbauen, die die emotionale Orientierung verhindern.

In diesen Fällen entsteht eine mehr oder weniger erhebliche, eine mehr oder weniger kontraproduktive Divergenz zwischen Ziel und Motiv. Diese Divergenz bildet bei nicht wenigen Menschen ein Konfliktzentrum, das, wenn es nicht ausgeräumt wird, zahlreiche Typen sozialer und psychischer Konflikte aus sich entlassen kann. Es ist also notwendig, (1) eine Nichtübereinstimmung von Ziel und Motiv zu erkennen und (2) Strategien zu beherrschen, diese Divergenz zu beheben. Bei einem »instinktsicheren« Menschen kann man davon ausgehen, daß Zielvorstellungen, die durch längere Zeit vorwiegend Unlust bereiten, nicht realitätsgerecht sind. In jedem Fall ist aber eine langandauernde Unlust, die sich beim Gedanken über Lebenssinn und Zielorientierung einstellt, ein ernsthaftes Warnsignal.

Es gilt zu bedenken, daß eine Sinnantwort, eine basale Zielorientierung bei veränderten sozialen und psychischen Konstellationen von einer realitätsgerechten durchaus zu einer realitätsabgelösten werden kann. Wir Men-

schen müssen uns also stets die Option des Vorüberge-
hens offen halten. Wer sich gegen diese Option verpflichtet, muß in Kauf nehmen, daß er sein Leben früher oder
später realitätswidrig organisiert und daran psychisch
oder sozial oder gar physisch zugrunde geht. Die Option
der Vorläufigkeit ist ein zwingendes Implikat jeder Sinnantwort. Wer der Meinung ist, er könne über sein Leben
verfügen (etwa im Versprechen einer lebenslangen
Treue), muß bereit sein, seinen eigenen Untergang in
Kauf zu nehmen. Ob und wann eine solch nekrophile
Entscheidung sittlich gerechtfertigt werden kann, ist
nicht leicht auszumachen. Im Zweifelsfall steht jedoch die
Vermutung für den Primat der Biophilie – und damit für
die Legitimation, Lebenssinn und basale Zielorientierung
zu ändern, um sie der veränderten psychischen und/oder
sozialen Situation anzupassen.
Sind einmal Diskrepanzen zwischen Zielen und Motiven,
die nicht die Realitätsdichte einer einmal relitätsgerechten
Sinnantwort in Frage stellen, erkannt, kommt es darauf
an, über sinnvolle Strategien zu verfügen, diese zu beheben. Hier sind zu nennen:

- Man kann versuchen, die bestehenden Motive zu ändern, indem man bewußt Zwischenziele, Entscheidungen, Handlungen positiv emotional besetzt. Das kann
  geschehen, indem man den Anteil des Zieles, der dem
  Lustprinzip gehorcht, bewußt ins Zentrum des Inter-
  esses stellt, bewußt die guten Seiten herausfindet, bewußt ihn kommunikativ einbindet und ihn so stabilisiert.

- Man kann versuchen, Zwischenziele neu zu bestimmen
  und solche ausfindig zu machen, die zureichend emotional positiv besetzt sind, so daß auch eine positive Besetzung des basalen Lebenszieles miterreicht wird.

- Man kann bewußt vermeiden, zu entscheiden und zu handeln. Nicht selten ist es die Angst vor einer bestimmten Entscheidung, vor bestimmten Handlungsfolgen, die das Zwischenziel mit Unlust besetzt. Da Ängste – sieht man einmal von Schutzängsten ab, die die Funktion haben, Handlungen zu vermeiden, die einen Menschen objektiv physisch, psychisch, sozial, emotional, intellektuell ... überfordern – Symptome für Konflikte sind, die sich in diesen Ängsten stellvertretend manifestieren, ist nicht unbedingt davon auszugehen, daß das Angstobjekt genuin ist, d. h. daß es oder die Vorstellung von ihm tatsächlicher Angstgrund sind. So sind mir nicht wenige Studenten begegnet, deren Examensangst sich nicht primär auf das Examen bezog, sondern auf das Eingegliedertwerden in die Erwachsenenwelt. Ein typischer Adoleszenzkonflikt stellte sich als Examensangst vor. Wenn das Examen bestanden war, wurde die Examensangst durch ein allgemeines »ungutes Gefühl« ersetzt.

Das Sich-Dispensieren von Entscheidungen kann ein brauchbares Mittel sein, die Diskrepanz zwischen Ziel und Motiv vorübergehend erträglich zu machen. Es ist aber sorglichst darauf zu achten, daß es nicht zu einer allgemeinen Einschränkung der Entscheidungs- und Handlungsfähigkeit kommt. Geht eine solche Einschränkung dem Entscheidungsdispens voraus oder folgt sie ihm, ist diese Strategie abzulehnen. Sie fixiert dann wahrscheinlich eine bestehende Ich-Schwäche.

- Man kann auch versuchen, emotionsbesetzte Vorstellungen abzuwehren. Gemeint ist hier nicht die unbewußte Abwehr durch Abwehrmechanismen. Gemeint ist vielmehr der bewußte Einsatz von Ich-Strategien. Das Ich kann alle seine kritischen und wertenden, alle

seine selektierenden und interessebesetzenden Strategien, die es beherrscht (wie Denken, Wollen, Entscheiden ...) in den Dienst einer gewollten und geplanten
Abwehr stellen.

● Endlich kann man überprüfen, ob nicht eine veränderte
Interpretation von Ist- oder Sollzuständen den Mangel
beheben kann. Sowohl Ist- als auch Sollzustände sind
nahezu stets verschieden zu sehen und zu werten. Das
liegt daran, daß beide Zustände nicht wahrgenommen
werden, wie sie sind, sondern stets als schon verarbei-
tete. Diese Verarbeitung geschieht auf mannigfache
Weisen: Die wichtigsten sind:
(1) Sie werden an andere schon bekannte angekoppelt
(mit ihnen assoziiert), so daß die emotionale Besetzung
des Bekannten auf das Neue übertragen wird.
(2) Sie werden aus dem allgemeinen Hintergrund des
Miterkannten abgelöst (isoliert), so daß sie eine eigene
emotionale Besetzung erhalten können, die mit der des
Hintergrundes (etwa der sozialen Szene, in der Erkenntnis stattfand) nichts mehr zu tun hat.
(3) Sie erhalten eine emotionale Besetzung insofern eine
spezifische »emotionale Energie« zur Verfügung steht,
die nicht schon an eine entsprechende Vorstellung gebunden ist. Man kann hier von »frei flottierenden«
Emotionen sprechen. So ist es möglich, daß frei flottierende Wut sich ein Vorstellungsobjekt sucht und es mit
Wut besetzt. Dann wird ein Mensch plötzlich wütend
auf das Verhalten eines anderen, obwohl dieses Verhalten vielleicht schon Wochen zurückliegt und bislang
nicht besonders besetzt war. Emotionen wie Eifersucht
oder Angst neigen zu solch freiem Flottieren. Doch
kann man sich diesen Mechanismus auch zunutze machen, indem man frei flottierende libidinöse Emotio-

nen (wie Freude, Geborgenheit, Dankbarkeit ...) an Vorstellungen bindet, und sie damit wertvoll macht.

Aber auch umgekehrt kann verfahren werden: Man kann frei flottierende aggressive Emotionen (Wut, Haß, Ärger, Zorn ...) an Vorstellungen binden, die man für weniger erwünscht hält. Daß dieser Mechanismus funktioniert, ist uns allen bekannt aus dem Umgang mit anderen. Wenn Menschen einander manipulieren (sei es in der Politik, der Werbung, dem alltäglichen Umgang mit dem Partner), tun sie genau das hier Angesprochene: Sie fixieren frei flottierende Emotionen auf gewünschte Vorstellungen: etwa frei flottierende Angst auf »Angst vor den Russen«. Was aber psychische Fremdbeeinflussung vermag, ist im Prinzip auch der Eigenbeeinflussung möglich.

VIII.

Über sinnvolles Sinnerwarten

Um Sinn stiften zu können, um eine sinnvolle Sinnantwort geben zu können, ist es zunächst nötig, den Horizont auszumessen, in dem Sinn spielen, ist es nötig, die
Rahmenbedingungen auszumachen, innerhalb derer Sinn
gefunden und ausgemacht werden kann. Es gilt also zunächst einmal, die Erwartungen, die an Sinnantworten
gestellt werden, auf einen realen Boden zu stellen und aus
dem Bereich des utopischen Träumens herauszunehmen.
Solch utopisches Träumen ist keineswegs selten, denn ein
schier unbefriedigbares Sinnbedürfnis mag sich mit realen
Sinnantworten nicht recht zufriedengeben. Je mehr Sinn
erfahren wird, um so ausgeprägter kann die Neigung werden, einen unstillbaren Hunger nach Sinn zu entwickeln.
Die Sinnsuche würde dann, weil niemals zum Finden füh-
rend, die exotischsten Blüten einer vagabundierenden Irrationalität treiben. Der Zweck einer Sinnantwort, Lebensorientierung zu geben, würde entfallen. Die Sinnfrage würde, weil wesentlich unbeantwortbar, Desorientierung stiften. Solche Desorientierung führt aber dazu, daß
das psychische Grundbedürfnis, die narzißtische Homöostase zu stabilisieren, nicht befriedigt wird. Die Psyche wird nach Strategien suchen, ihr Ziel auf den unweg-
samen und unwirklichen Pfaden neurotischer Symptom-

bildung zu finden. Rationales Sinnerwarten ist also die Voraussetzung für rationale Sinnantworten, weil Antworten immer nur im Bereich möglicher Antworterwartung gegeben werden.

(1) Über die Mittelbarkeit von Sinn.

Nicht wenige Menschen sind der Ansicht, man könne die Sinnfrage in Entsprechung zu anderen Fragen beantworten – soll heißen: Sie meinen, es gäbe kurze, formelhafte Sätze, in denen sich die Sinnantwort einfangen ließe. Diese Annahme ist in aller Regel falsch. Sinnantworten, die sich zu einem Satz verdichten, greifen meist zu kurz, da sie entweder gleich abstrakt bleiben (und so auf die Anwendbarkeit in Orientierungssituationen verzichten, weil sie nur den Zweck haben, die Selbstachtung zu stabilisieren, indem sie die Illusion vermitteln, sie seien konkret, würden tatsächlich Entscheiden und Handeln bestimmen) oder aber nur sehr wenige Anwendungsfälle haben. Das soll nicht heißen, daß solche Formelbildungen kontraproduktiv wären. Im Gegenteil: Oft haben sie Verbotscharakter und bestimmen so zwar nicht Orientierung, verhindern aber Desorientierung. Hierzu mögen etwa folgende Formeln zählen:

- Der Sinn meines Lebens besteht darin, mein und anderer Menschen psychisches und soziales Leben zu entfalten.
- Der Sinn meines Lebens besteht darin, lieben zu lernen.
- Der Sinn meines Lebens besteht darin, wie eine Kerze in Kälte und Dunkelheit der Welt ein wenig Wärme

und Licht zu spenden, um dann wie sie zu verlöschen.

- Der Sinn meines Lebens besteht darin, Gott zu ehren und zu dienen und so in den Himmel zu kommen.
- Der Sinn meines Lebens besteht darin, glücklich zu werden (d.h. am Ende meines Lebens sagen zu können, es sei mir geglückt).
- Der Sinn meines Lebens besteht darin, jederzeit meine Pflicht zu tun.

Solche und ähnliche Sinnbegabungen sind – wie gesagt – nicht nur möglich, sondern auch sinnvoll (für die Biophilie-Antwort wurde das ausgeführt). Doch sind diese Antworten in aller Regel zunächst einmal Überich-Produktionen. In ihnen kristallisiert sich das Ich-Ideal oder das Gewissen heraus. Wenn ein Mensch, befragt nach seinem Lebenssinn, eine solche Antwort gibt, kann er damit eine für sein Leben tatsächlich wirksame Orientierungshilfe bezeichnen. Nur in seltenen Fällen handelt es sich aber dabei um die Wiedergabe des tatsächlich obersten handlungsleitenden Wertes (einer Ich-Bildung also). Selbst wenn Menschen der Ansicht sind, die gegebene Kurzform sei die sie tatsächlich orientierende Sinnantwort, meinen sie vermutlich nicht, daß sie versuchen, alle ihnen bewußt gewordenen Probleme nach Maßgabe dieser Orientierung zu lösen.
Nun aber sind die bewußten Probleme nicht die eigentlichen. Bewußt wird ein Problem nur, wenn es selbst oder seine zu erwartende Lösung hilft, die narzißtische Homöostase zu stabilisieren. Die weitaus meisten Orientierungsprobleme bleiben unbewußt und schicken in Gestalt von Handlungsblockaden, allgemeiner Unlust, verschiedenen Ängsten, neurotischen oder psychotischen Symptomen … ihre Boten ins Bewußtsein.

Damit verschiebt sich die Sinnfrage von einem Bewußtseinsniveau auf ein Verhaltensniveau. Aus dem konkreten Verhalten eines Menschen können wir ablesen, was ihn tatsächlich orientiert. Und solches Verhalten steht nicht selten in bemerkbarem Widerspruch zu ausdrücklich gemachten (bewußten oder doch bewußtseinsfähigen) Sinnantworten. Daß wir alle dazu neigen, Vorstellungen von Verhalten, das solcher bewußten Sinnantwort widerspricht, abzuwehren, nicht zum Bewußtsein zuzulassen, oder das Verhalten in seiner Bedeutung herunterzuspielen (etwa als Ausnahme zu klassifizieren), ist jedem Menschen bekannt, der gelernt hat, über sich selbst nachzudenken.

Wie aber lassen sich solche das tatsächliche Handeln bestimmende Sinnantworten erkennen? Wir müssen davon ausgehen, daß Sinn etwas Mittelbares ist, und sich nicht unmittelbar dem Bewußtsein zur Verfügung oder gar zur modifizierenden Disposition stellt. Diese Frage stellt uns vor die erheblichste Erkenntnis der Sinnproblematik überhaupt:

Der Sinn kommt vom Tun

Das will heißen, ich begründe Sinn, indem ich handele. Die Art meines Handelns definiert nicht nur Sinn (etwa die Effizienz) meines Handelns, sondern auch meinen personalen Sinn, den Sinn meines Lebens. Nicht nur die Sinnantwort orientiert das Handeln, sondern auch das Handeln definiert die Sinnantwort. Handeln und Sinn stehen, wenn man will, in einer dialektischen Wechselwirkung: Das eine kann nicht ohne das andere sein, beide schaffen einander und sind dennoch nicht miteinander identisch. Wichtig ist, zu erkennen, daß »Sinn« hier nicht erkennbaren, bewußten oder gar artikulierbaren Sinn meint. Dem kann ich erst auf die Spur kommen, wenn ich jahrelang den Sinn meines Handelns erforscht habe: Welches Bemühen leitet mein Leben tatsächlich?

Sinn kann also nicht angestrebt werden, nicht einmal gesucht werden, sondern er stellt sich ein. Von Wittgenstein kommt das erläuternde Wort: »Die Lösung des Problems des Lebens merkt man am Verschwinden dieses Problems. Ist nicht dies der Grund, warum Menschen, denen der Sinn des Lebens nach langem Zweifeln klar wurde, warum diese dann nicht sagen konnten, worin dieser Sinn bestand.« (Tractatus Logico-philosophicus [Tr.] 6.521) Wenn ich also einmal herausgefunden habe, was meine Motive »im Innersten zusammenhält«, verschwindet das Wissen bald in Sprachlosigkeit. Die Einsicht, die Sinnfrage sei beantwortet, wenn sie verschwunden ist, wenn sie also nicht mehr mit existentieller Emphase gestellt wird, sondern allenfalls akademisches Interesse hat, ist eine wesentliche Erkenntnis. Vermutlich gibt es keine konkreten, Verhalten tatsächlich orientierenden Sinnantworten, die verbalisiert werden können. Die Sinnantwort ist gegeben, wenn sie Verhalten konsistent orientiert. Sie ist nicht gegeben, wenn Verhalten nicht konsistent orientiert ist – dann wird eine Sinnfrage bewußt. Es gibt also eine verbalisierte Sinnfrage, aber keine verbalisierbare Sinnantwort. Sinn ist nur mittelbar aus Verhalten zu erheben.

Die Sinnantwort besteht aus einem komplexen Netzwerk von hierarchisierten (praktischen, weil handlungsleitenden) Werten, die miteinander auf komplexe Weise verbunden sind. Oft ist das Netzwerk keineswegs zweidimensional darzustellen. Wenn wir versuchen, nach jahrelangem psychoanalytischem Arbeiten dieses Netzwerk zu beschreiben, das tatsächlich Handeln orientiert, gelangen wir in der Regel zu vieldimensionalen Gebilden, die sich um das zentrale Bemühen der Stabilisierung der narzißtischen Homöostase organisieren. Es ist das die Matrix der psychischen Kompromißbildung.

Da nun aber die Analyse den Zweck hat, die Kompromißbildung neu zu organisieren, bedeutet das stets auch die Neuorientierung der handlungsleitenden Sinnantwort.

Sinn ist also nur aus den mannigfaltigen Aktivitäten eines Menschen in den verschiedenen Dimensionen seines Lebens mittelbar zu erheben. Folgende Fragen können dabei, wenn sie nicht überich-geleitet, also unter dem Anspruch des Ichideals, gestellt und beantwortet werden, hilfreich sein:

- Welche Konflikte produziere ich bevorzugt?
- Wie gehe ich mit Konflikten um?
- Wie ist meine Einstellung zu Genuß, zu Pflicht, zu Leistung, zu Konsum?
- Über welche Strategien verfüge ich, um Zuwendung zu erhalten?
- Wie ist mein Verhältnis zum Schenken und zum Beschenktwerden?
- Wie ist mein Verhältnis zum Lieben und zum Geliebtwerden?
- Wie ist mein Verhältnis zum Helfen und zum Mir-helfen-lassen?
- Wie ist mein Verhältnis zum Bitten und zum Erhören von Bitten?
- Wie ist mein Verhältnis gegenüber der Vorstellung von angenehmen und unangenehmen Ereignissen der Zukunft?
- Wie ist mein Verhältnis zum Warten, zum Abwarten?
- Wie stark ist meine Bereitschaft, Bindungen einzugehen und durchzustehen?
- Wovor habe ich Angst? ...

Dieser Fragenkatalog ist nahezu beliebig zu erweitern. In einem Anhang werden solche und andere Fragen noch einmal gestellt werden. Das soll Sie aber nicht hindern, sich jetzt schon Gedanken über sich selbst zu machen. Die (möglichst) redliche Antwort auf diese Fragen wird Ihnen zeigen, daß die Sinnantwort, das also, was tatsächlich Ihr Leben (Ihr Entscheiden und Handeln) orientiert, nicht mit einem simplen Satz abzutun ist.

(2) Sinn kann nur gestiftet werden durch Verzichten.

Sinnvolles Verhalten ist nur möglich, wenn ich gelernt habe, auf unsinniges Verhalten zu verzichten. Der Unsinn kann durchaus seine eigene Attraktivität haben. So ist es unsinnig, Zigaretten zu rauchen, schneller als 130 km/h über die Autobahn zu fahren, bei einem sicheren Overkill des Feindes von 1 weiter zu rüsten, auf das Wetter zu schimpfen ... und dennoch entscheiden wir uns alltäglich gegen den Sinn, weil offenbar der Unsinn Freude macht. Doch dieser Verzicht ist hier nicht erststellig gemeint, denn solcher Unsinn kann durchaus einen versteckten Sinn haben: etwa sich selbst zu gefährden, um die Gefahren zu meiden, die mit der sozialen Darstellung der Aggressivität verbunden sind.
Die Bereitschaft, sich sinnorientiert zu verhalten, setzt voraus, auf anderes Sinnvolle zu verzichten. Wir Menschen sind in unseren Möglichkeiten durch innere und äußere Grenzen und Zwänge beschränkt. Viele Entscheidungen grenzen die Menge der uns möglichen Handlungen ein. Handlungen beenden Freiheit. Wir können sie nicht mehr rückgängig, nicht ungeschehen machen, um uns anders zu entscheiden. Im Handeln und durch Han-

deln reduziert sich Freiheit. Alles Handeln bedeutet Verzicht auf Alternativen, die vor dem Handeln noch zur Verfügung gestanden haben mögen.

Wer nicht in der Lage ist zu verzichten, wird jede Handlung scheuen, deren Folgen nicht mehr korrigiert werden können. Da nun aber gerade solche Handlungen die Lebensorientierung eines Menschen deutlich werden lassen, steht zu vermuten, daß handlungsscheue Menschen nicht über eine zureichende Lebensorientierung verfügen. Nicht selten begründen sie ihr Verhalten mit dem Hinweis auf Freiheit. In dieser für einen heranreifenden Menschen typischen Freiheitskonzeption, bedeutet Freiheit das Fehlen von Zwängen. Viele Handlungen aber erzwingen Folgehandlungen, die nicht mehr zu unserer Disposition stehen, wenn wir die Auslösehandlung nicht sinnlos machen wollen. So bedeutet etwa die Entscheidung für einen bestimmten Beruf, die Freiheit zu verlieren, aus vielen Berufen auswählen zu können. Zugleich muß ich mit dem Beruf eine Reihe von Verpflichtungen übernehmen. Verweigere ich mich ihnen, mache ich die Berufswahl sinnlos.

Im psychologischen Sinne erwachsen ist ein Mensch, der sich von solchem Freiheitsverstehen emanzipiert. Der (psychisch) Erwachsene versteht unter »Freiheit« die Fähigkeit, seine Anlagen zu eigenem und fremdem Nutzen zu entfalten. Das aber ist nur möglich in konkreten Bindungen. Offensichtlich setzt das psychische Erwachsenwerden voraus, daß man gelernt hat zu verzichten. Wer solches nicht erlernte, wird jedenfalls zu einer Sinnantwort unfähig sein, die sich in der Konsistenz des Verhaltens offenbart.

Ein großer Feind jeder Sinnfindung ist die Unfähigkeit, die Spannung zu ertragen, die sich einstellt im Verzicht auf das tatsächlich Mögliche und Nützliche. Diese Spannung macht nicht selten, daß Erfüllung lustvoll erfahren wird. Nicht wenige Menschen sind der (irrigen) Auffassung, daß die schnellstmögliche Befriedigung von Bedürfnissen höchste Lust bereite. Sie sind daher bestimmt von Ungeduld, von Versagenserlebnissen, von Enttäuschungen, von Hoffnungslosigkeit. Eine Sinnantwort, die nur das als sinnvoll akzeptiert, dessen Nutzen unmittelbar einsichtig ist, die also unmittelbar Sinnbedürfnisse befriedigt, gehört hierher.

In der Psychoanalyse spricht man gern von primärprozeßlichem Verhalten, jenem Verhalten also, das Säuglinge und Kleinkinder zeigen, die noch nicht gelernt haben, anders als in einer Anspruchshaltung ihrer Umwelt zu begegnen. Der Anspruch zielt auf die baldige Befriedigung möglichst aller Bedürfnisse. Nicht selten begegnen wir auch der Meinung, man habe ein Recht zu fordern, daß sich die Welt so organisiere, daß solche Bedürfnisbefriedigung möglich wird.

Dieser Anspruchshaltung entspricht oft ein passives Konsumverhalten: Für die Realisation meiner Konsumbedürfnisse ist die Mitwelt verantwortlich. Sie hat nicht nur die materiellen und sozialen Bedingungen dafür zu schaffen, sondern auch den Bestand dieser Bedingungen für die Zukunft zu garantieren. Offensichtlich fordern solche Menschen nicht selten auch die »Lieferung von Sinn«, um passiv ihre Sinnbedürfnisse befriedigen zu können.

Nur der Verzicht auf eine solche Haltung aber macht rational begründete Sinnfindung möglich. Denn Sinn ist nichts Vorgegebenes, Lebenssinn allemal nicht, sondern muß aktiv geschaffen werden. Und damit begegnen wir dem zweiten Grundsatz jeder rationalen Auseinandersetzung mit dem Sinnproblem:

Mein Leben hat genau so viel Sinn, wie ich ihm gebe

Rationale Sinnfindung und rationale Sinngründung sind also nicht verträglich mit der Erwartung, mein Leben habe einen Sinn an sich, den andere mir mitteilen könnten oder bei dessen Aufspüren sie mir behilflich sein könnten – und müßten.

(3) Sinn verträgt kein Alles oder Nichts.

Die meisten Menschen, die nach absoluten Sinnformeln suchen, tun das aus der Position eines Alles oder Nichts. Entweder erfasse, begreife, formuliere ich den Sinn meines Lebens, oder aber ich verfehle ihn. Entweder hat etwas einen für mich erkennbaren Sinn, oder es ist sinnlos. Entweder gibt es einen objektiven (unabhängig von meiner Sinnbegabung existierenden) Lebenssinn, oder aber die Sinnantwort kann beliebig sein. Diese Position, oft von sehr jungen Menschen vertreten, hat (noch) nicht erkannt (oder entsprechende Erkenntnis abgewehrt), daß unser Leben uns kaum jemals alles gibt. Das, was wir erreichen, ist immer nur Stückwerk, ist immer unvollendet und unvollkommen. Der Alles-oder-Nichts-Position reicht das nicht. Wenn sie nicht alles haben kann, ist das so gut, als wenn sie nichts hätte, oft genug will sie dann auch gar nichts haben. Sie verkennt, daß unser Leben ein Kompromiß ist zwischen Ideal und Realität, zwischen dem, was sein soll und dem, was ist, zwischen dem Mühen um Vollkommenheit und unvermeidlicher Unvollkommenheit. Erst wenn ein Mensch nicht nur zähneknirschend zu seinen Grenzen ein Ja gesagt hat, sondern sie auch als Chance wertet, Leben zu entfalten, ein Leben, das in Grenzenlosigkeit zerfließen würde, ein Leben, das in Vollkommenheit nicht mehr suchen und hoffen würde, wird er reif sein, sich auf Wanderschaft zu begeben, um das Besinnen zu lernen. Wir müssen uns damit abfinden, daß unsere Sinnantwort vor dem Horizont Vollkommenheit immer vollkommen sein wird. Das Streben nach mehr Vollkommenheit mag zwar an sich in einzelnen Fällen fruchtbar sein, es darf aber niemals dazu führen, das Unvollkommene nicht zu akzeptieren. Wer sich nur mit vollständiger Orientierung zufriedengeben kann, wird desorientiert durchs Leben gehen. Wenn der Mut zur Unvollkommenheit seinen existentiellen Ort hat, dann bei der Begabung des Lebens mit Sinn. Wer meint, nur der vollkommene Sinn garantiere, daß das Leben glücke, weiß nichts davon, daß Glück immer wieder an der Schwelle von Sinn und Unsinn in aller Vorläufigkeit und Unvollkommenheit dem Unsinn abgerungen werden muß.

Für manche Menschen ist das Alles-oder-Nichts jedoch eine Legitimation für das Nichts der Sinnlosigkeit. Die Erfahrung radikaler Sinnleere deckt kompensatorisch den Aufregungs- und Sensationsbedarf. Weil im Leben nichts geschieht, oder weil alles, was geschieht, langweilig ist, kann es zu einer Frage psychischen Überlebens werden, Sensationen zu schaffen. Das Sensationsbedürfnis kann aber kaum durch reale Ereignisse befriedigt werden, wenn ein Mensch einmal verlernt hat, Emotionen und Bedürfnisse aus erster Hand zu haben. Hat er sich einmal davon überzeugt, daß die Emotionen und Bedürfnisse seiner Spielfilmhelden oder seiner Fernsehstars groß und stark sind und daß die eigenen Bedürfnisse und Emotionen nur groß und stark sind, wenn sie an denen der Helden und Stars partizipieren oder wenn sie – in unwirklichen Situationen nachgestellt – reproduziert werden, wird kaum mehr Raum bleiben für die befriedigende Entfaltung eigener Bedürfnisse, weil sie vergleichsweise kümmerlich und unvollkommen sind. Die Psyche ist nun darauf angewiesen, Sensationen zu produzieren, wenn die Umwelt (etwa das Kino) gerade versagt. Eine beliebte Methode der Sensationsproduktion ist die Flucht in die Sinnlosigkeit. Wenn sich schon kein sensationeller Sinn ausmachen läßt, muß die sensationelle Sinnlosigkeit herhalten und den Sensationsdefekt kompensieren.

Der Abschied vom Sensationellen, vom Außerordentlichen, vom Ungewöhnlichen ist also eine zwingende Voraussetzung, Sinn vernünftig zu begründen. Die Erkenntnis des eigenen Mittelmaßes, der eigenen Nicht-Außerordentlichkeit läßt »gewöhnlichen Sinn« erst akzeptabel erscheinen.

Die Sinnantwort wird nicht durch die letzten Dinge gegeben, sondern durch die nächsten. Viele Menschen warten zeitlebens auf den großen Augenblick, der ihrem Leben einen akzeptablen Sinn gibt. Die meisten warten vergebens und sterben – ihrer Meinung nach –, ohne daß ihr Leben einen bemerkenswerten Sinn gehabt hätte.

Die Erfahrung des leeren Lebens, das »eigentlich« nicht wert war, gelebt zu werden, macht nicht selten das aus, was man Mittlebens- oder Endlebenskrise nennt.

Man sollte die Sinnantwort aber auch nicht von den letzten Dingen her geben, wenn »letzte Dinge« das Lebensende meint. Nicht vom Lebensende her erhält Leben Sinn, sondern von den vielen, ungezählten kleinen nahen Dingen. Wer nicht gelernt hat, sinnvoll zu leben, wird kaum sinnvoll sterben, denn der Tod ist nicht der Sinn des Lebens, sondern das Leben ist der Sinn des Todes. »Tod« erhält nur Sinn, wenn er eine biophile Interpretation zuläßt – sonst ist er schlechthin unsinnig.

Das soll nicht heißen, daß es sinnlos sei, sein Leben auch von dessen Ende her zu konzipieren. Es kann eine wertvolle Hilfe zur Sinnbegabung sein, wenn ein Mensch sich fragt: »Was müßte ich tun, wie müßte ich entscheiden, damit ich am Ende meines Lebens sagen kann, es ist mir geglückt?«

Die Sinnfrage wird also nicht grundsätzlich und endgültig durch Setzung entschieden, sondern entscheidet sich (ihre Brauchbarkeit) in den kleinen Dingen, den alltäglichen Entscheidungen und Handlungen. Stellt sich ein Mensch die Sinnfrage so radikal, daß er eine vollkommene und endgültige Antwort zu erzwingen sucht, bringt er sich in eine kafkaeske Situation, in der ihn seine sicheren Überzeugungen davon abhalten, das Sinnvolle zu tun. Er verwartet sein Leben. Er steht vor einer offenen Tür, von der er vermutet, sie sei geschlossen, ohne seine Vermutung je ernsthaft zu prüfen.

Perfektionismus ist sinnlos, weil das Gute nur im Unvollkommenen gefunden werden kann und das Leben nur vor dem Anspruch des Todes. Nicht wenige Menschen fragen, einmal hier angekommen: »Wer garantiert mir denn, daß ich nicht in die Irre gehe? – Wer sichert mir zu, daß ich nicht in mein Unglück renne?« Diese Fragen sind nicht zu beantworten. Es gibt keine endgültige Sicherheit über das Glücken eines Menschenlebens. Erst am Ende des Weges werde ich (vielleicht) wissen, ob ich mein Ziel erreicht habe. Und weil das so ist, ist es unvernünftig, den Sinn des Lebens statisch festzumachen. Es gilt immer auch: »Finis vitae via«. Und damit haben wir einen dritten Grundsatz vernünftiger Sinnstiftung gefunden:

Der Sinn des Lebens ist der Weg

Es ist uns Menschen nicht gegeben, Sinn zu finden im Stehenbleiben, im Festhalten. Nur im ständigen Weitergehen, nur in dauerndem Abschied werden wir in unserem Handeln Sinn aufscheinen lassen. So spielt Liebe nur im ewigen Wechsel von Nähe und Distanz und Glück nur in der dauernden Auseinandersetzung mit dem Unglück. Wir Menschen sind ganz und gar Konfliktwesen, da wir dazu neigen, im Erkennen, Entscheiden und Handeln uns immer wieder von Realität abzulösen und eine realitätswidrige Wirklichkeit aufzubauen. Konflikte zeigen uns solche Ablösungen an. Wer sich weigert, Konflikte zu lösen und sich im Lösen von seinen Wirklichkeiten abzulösen, wird in eine vielleicht stabile Wahnwelt flüchten. Und dabei Sinn verlieren.

(4) Die Bejahung des Lebens ist nicht an den Aufweis von Sinn gebunden.

Manche Menschen sind nur in der Lage, Leben zu bejahen, wenn es ihnen sinnvoll erscheint. Diese Position kann gefährlich sein, denn sie verkennt den vierten Grundsatz aller rationalen Sinngründung:

Das Leben schafft sich seinen Sinn

Das soll keineswegs heißen, daß Leben an sich einen absoluten und unmittelbaren Sinn haben müßte. Insofern aber Leben (menschliches zumindest) Handeln bedeutet und Handeln nicht nur Sinn ausweist, sondern schafft, schafft sich auch Leben Sinn. Überall, wo psychisches, soziales, physisches, intellektuelles, emotionales, musisches Leben sich entfaltet, entfaltet sich zugleich auch Sinn. Das Leben produziert aus sich heraus Sinn.
Das ist die andere Seite des Biophilie-Prinzips, nach dem Sinn niemals wider Leben sein kann. Wer Leben negiert – und vermutlich nur dieser – schafft Unsinn.
Man kann sich fragen, ob etwa der Rüstungswettlauf zur Entfaltung von Leben dient. Meiner Wahrnehmung nach

gefährdet er es eher, schränkt es ein und fesselt es. Er wäre
dann Unsinn. Die Basisorientierung am Biophilie-Postulat führt zu dem heuristischen Satz: »In dubio pro vita!«
(Im Zweifelsfall entscheide dich für den Erhalt und die
Entfaltung des Lebens.)

(5) Über die begrenzte Rolle der umfassenden Sinnantwort.

Die universelle Sinnantwort kann emphatisch oder erklä-
rend verstanden werden. Hier sei sie als »universellste
subjektive Theorie« gemeint. Diese Sinnantwort folgt der
Frage: »Gibt es einen erklärenden Rahmen für alle Ereignisse meines Lebens, der diese verständlich und akzeptabel macht?«, »Erlauben diese Erklärungen Vorhersagen
über zukünftige Entscheidungs- und Handlungsfolgen?«
Universelle Erklärungssysteme, seien sie nun individuell
oder kollektiv angelegt, haben die Funktion von Theorien: Sie erklären erfahrene Sachverhalte und selektieren
zugleich zwischen solchen, die durch die Theorie erklärt
werden können (nur sie werden wahrgenommen) und
solchen, die sich der Erklärung entziehen. Zum anderen
aber erlauben sie auch Prognosen über zukünftige Wahrnehmungen unter bestimmten sozialen und psychischen
Umständen. Sinnantworten sind nun solche universellen
(vielleicht gar die universellsten) Erklärungssysteme.
Auch für sie gelten einige Eigenschaften von Theorien:

● Sie sind nicht wahr, sondern bestenfalls brauchbar.
● Sie führen zu selektiver Wahrnehmung.
● Sie schaffen Erwartungen über zukünftige Erfahrun-
  gen.

Da diese Eigenschaften dem ungeschulten Denken verborgen bleiben, kann es zu erheblicher Realitätsablösung kommen. Das Beispiel der Ideologien (der kollektiven Sinnsysteme) mag das verdeutlichen: Ein Marxist, ein Teilhardianer, ein Liberaler, ein Anarchist ... verfügt über ein kollektives Erklärungssystem, das es ihm ermöglicht, soziale, politische, ökonomische, kulturelle Erfahrungen zu deuten und miteinander in Zusammenhang zu bringen. In der Regel wird er überzeugt sein, sein Erklärungssystem sei wahr. Es erlaube ihm, alle relevanten Sachverhalte wahrzunehmen und sinnvolle Vorhersagen zu machen über das, was sein wird, wenn Menschen sich in einer bestimmten Weise verhalten. Da die genannten Ideologien im Einzelfall zu sehr verschiedenen Ergebnissen kommen können, steht zu vermuten, daß sie versuchen werden, über ihre prognostische Kraft, über das Zutreffen ihrer Voraussagen, miteinander zu konkurrieren. Hier kann das erheblich werden, was man »self-fulfilling prophecies« nennt. Da die Menschen ihre Handlungen gemäß den Erwartungen, die sie haben, organisieren, trifft das Erwartete (oder auch das Befürchtete) ein, nicht weil es in der Natur der Dinge angelegt wäre, sondern weil es erwartet worden ist.

Von hierher wird offensichtlich, daß es schwer ist, aus dem Getto universeller Erklärungen auszusteigen: das gilt für die kollektiven ebenso wie für die privaten. Selbst wenn die Dinge wie vorhergesehen verlaufen, beweist das allein noch nicht die Realitätsdichte einer Theorie.

Es steht zu erwarten, daß bei vielen Menschen ideologische Sinnvorgaben individualisiert werden, so daß die persönliche Sinnantwort weitgehend mit einer kollektiven (ideologischen) übereinstimmt. Das hat zur Voraussetzung wie zur Folge, daß sich ein Mensch auch in kollektive Handlungsmuster einpaßt, also auch die kollekti-

ven Verhaltensnormen übernimmt (wegen der Wechselbeziehung zwischen Sinn und Handeln).

Es gibt nun zu dem Faktum der Sinnproblematik eine
Hyperideologie, die aus der Tatsache, daß Menschen un-
ter Sinnfragen oder Sinnlosigkeit leiden, schließen, daß es
eine objektive, letztlich den Menschen transzendierende
Instanz geben muß, die diesen Sinn bestimmt. Aus der
Tatsache der Sinnbedürfnisse folge auch die grundsätzliche Möglichkeit, das Bedürfnis zu befriedigen – andernfalls sei es funktions- und damit sinnlos. Nun kennen wir
eine Menge von auf der Wahrnehmungsebene sinnlosen
Bedürfnissen: Hierher gehören alle kompensatorischen
Bedürfnisse, die nur dann auftauchen, wenn ein anderes
Bedürfnis nicht befriedigt werden kann. Es ist nun keineswegs auszuschließen, daß Sinnbedürfnisse bei manchen Menschen diese kompensatorische Funktion haben:
Da ihre Geborgenheitsbedürfnisse nicht befriedigt werden, entwickeln sie sekundär andere Bedürfnisse, in der
keineswegs begründbaren Vermutung, so letztlich noch
ihr Befriedigungsdefizit decken zu können.

Aus der Existenz eines Bedürfnisses folgt also keineswegs
auch seine grundsätzliche Befriedbarkeit.

Des weiteren ist anzumerken, daß die Befriedbarkeit des
Sinnbedürfnisses keineswegs erfordert, daß es eine objektive Sinnvorgabe gibt. Das Sinnbedürfnis eines Menschen
kann durch dessen verantwortete Sinnbegabung befriedigt werden – und wird es so, und nur so, in der Regel
auch.

Endlich ist anzumerken, daß wenn es tatsächlich objektive Sinnvorgaben gäbe, diese nicht die Existenz eines höheren Wesens einfordern würden. Die objektive Sinnvorgabe kann durchaus etwa aus der Position eines Menschen
an einer bestimmten sozialen Stelle innerhalb der Ge-
samtevolution der Menschheit einen objektiven Sinn ha-

ben (wennschon der auch vermutlich kaum erkennbar wäre).

Wittgenstein scheint recht zu haben, wenn er schreibt: »Die Lösung des Rätsels des Lebens in Raum und Zeit liegt außerhalb von Raum und Zeit.« (Tr. 6.4312) Sie ist uns also, weil nicht in Raum und Zeit gegeben, nicht zuhanden. Das Wissen aber, daß etwas außer Raum und Zeit vorhanden ist, etwas also nicht in Welt begründet sein könnte, vermittelt uns die Vermutung, daß die Welt ein begrenztes Ganzes ist. Das Gefühl der Begrenztheit der Welt nennt Wittgenstein das Mystische. (Tr. 6.45) Das Mystische ist unaussprechlich, es zeigt sich. (Tr. 6.522)

Wir wollen von Wittgenstein lernen, daß es sehr wohl etwas Transzendentes gibt. Es ist das Sprachtranszendente, das sich unserem Begreifen, weil unseren Begriffen, entzieht. Und weil die Grenzen unserer Sprache die Grenzen unserer Welt bedeuten, wandeln wir unbewußt die Sprachtranszendenz in eine Welttranszendenz. Auf dieser undurchschauten Wandlung beruhen sicher manche religiösen Erfahrungen und Deutungen.

IX

Was ist zu tun?

Obschon auch die vorhergehenden Kapitel zahlreiche
Tips enthalten, soll jetzt eine Reihe von Hinweisen gege-
ben werden, das im Bisherigen Vorgestellte praktisch zu
machen.
Die Generierung einer vernünftigen (realitätsgerechten)
Sinnantwort zu erleichtern, ist das Ziel dieses Buches.
Solche Antwort setzt jedoch voraus, daß

- die Frage richtig gestellt wurde und
- über die erreichbaren Möglichkeiten der Antwort
  Klarheit besteht.

Beides sollte der eher theoretische Teil dieses Buches besorgen. Fassen wir zunächst noch einmal die praktischen
Implikate der vorgestellten eher theoretischen Überlegungen zusammen. Um zu einer optimalen Sinnantwort
zu gelangen, ist Folgendes zu leisten:

(1) Die Kommunikationsfähigkeit ist zu verbessern, da
die Sinnfrage nur in dialogischen Situationen zu sich kommen und im Diskurs korrigiert werden kann. Es ist also
nicht zutreffend, daß die Sinnantwort durch Nachdenken

(oder Nachgrübeln gar) gefunden werden könne. Wir Menschen sind so grundsätzlich soziale Wesen, daß sozialer Rückzug eine realitätsdichte Sinnantwort ausschließt. Die soziale Einbindung der Sinnsuche bedeutet jedoch nicht eine Form der Sozialabhängigkeit, die einen Menschen im sozialen Gesamt untergehen läßt. Gemeint ist sehr viel mehr, die grundsätzliche und unaufhebbare Spannung zwischen Individualität und Sozialität in der sozialen Begegnung real und fruchtbar zu machen.

Die Kommunikationsfähigkeit (und damit die soziale Kompetenz) eines Menschen kann nicht zureichend in systemisch organisierten Sozialgebilden entfaltet werden. Es ist deshalb von erheblicher Bedeutung, auch in Kommunikationsgemeinschaften zu leben und sorglichst darauf zu achten, daß in sie nicht systemische Interaktionsmuster einbrechen. Nur Kommunikationsgemeinschaften stellen einen sozialen Sinnrahmen her, in dem die Sinnfrage beantwortet werden kann, weil die Sinnantwort als personale ein personales (und nicht funktionales) soziales Netzwerk schafft. Es seien hier einige Testfragen angeschlossen, die Ihnen helfen mögen zu entscheiden, ob Ihre soziale Kompetenz ausreicht, eine realitätsdichte Sinnantwort zu geben:

- Langweilen Sie sich oder werden Sie unruhig, wenn ein Mitarbeiter oder ein Mensch, dem sie nicht in Liebe verbunden sind (hier stellt die Liebesbeziehung ein personales Interesse her), sich selbst darstellt oder Pseudoinformationen von sich gibt?
- Fallen Sie anderen Menschen ins Wort?
- Zeigen Sie hörerinadäquates Verhalten während des Zuhörens (Spielen mit Gegenständen, Blättern in Unterlagen, Erledigen anderer Aufgaben ...)?
- Bieten Sie während des Zuhörens keinen Blickkontakt

an? (Bzw. nehmen Sie ihn fort aus Gründen, die der Sprechende nicht versteht? Schauen Sie an die Decke, auf den Fußboden, zur Seite?)

- Argumentieren Sie noch weiter, wenn sie bemerken, daß Vorurteile (vor allem vom Blik-Typ) im Spiele sind?
- Reden Sie zu lange und zu häufig? Sie reden zu lange und zu häufig, wenn Sie in einer Gruppe (bei einer Konferenz, einer Sitzung …) der sind, der am längsten und am häufigsten spricht.
- Rechnen Sie nicht damit, daß Projektionen und Selektionen die Kommunikation erheblich stören können?
- Sind Sie nicht in der Lage zu unterscheiden, ob der Widerstand, der Ihrer Argumentation entgegengebracht wird, emotionaler oder sachlicher Art ist oder gar in einem Antipathiefeld gründet, das zwischen den Kommunikationspartnern aufgespannt ist?

Sollten Sie zwei oder drei dieser Fragen bejahen, steht es mit Ihrer sozialen Kompetenz nicht zum besten. Es ist zu vermuten, daß Sie mit anderen Menschen bevorzugt funktional umgehen und auch sich selbst vorwiegend funktional definieren. Das aber verhindert eine brauchbare Sinnantwort.

Sie werden bemerken, daß es nicht ganz einfach ist, eingeschliffene Verhaltensmuster zu ändern und so die soziale Kompetenz wieder zu verbessern. In diesem Fall sei Ihnen die Teilnahme an einem Dialektik-Kurs dringend empfohlen. Der Verfasser dieses Buches ist gern bereit, Ihnen geeignete Kurse zu vermitteln.

(2) Die Sinnorientierung des Handelns ist zu verbessern. Der Sinn des Lebens realisiert sich nicht in griffigen Formeln, nicht in erhabenen Worten, die in aller Regel nichts

anderes sind als Widerspiegelungen des Ichideals im Bewußten, oder gar dazu dienen, das Gefühl eigener Unzu-
länglichkeit, eigener Minderwertigkeit zu verdecken, zu
maskieren. Hinter der Maske eines hehren Lebenssinns
läßt es sich ganz unmenschlich leben. Die Sinnantwort
bleibt abstrakt.

Die tatsächliche Sinnantwort ist jene, die unserem realen
Handeln zugrunde liegt. »Real« wird ein Handeln interpretiert, wenn man von allen Motiven absieht und nur die
tatsächlichen Folgen betrachtet. Im Bereich der Handlungsmotive können wir uns irren, da niederträchtige
oder minderwertige Motive in aller Regel unbewußt bleiben und durch sehr ehrenwerte bewußte Pseudomotive
maskiert werden. Zwar ist für die Entscheidung, ob eine
Handlung sittlich sei, die Kenntnis der bewußten Motive
erheblich, nicht aber bei der sehr viel anspruchsvolleren
Frage, wie sie die implizite Sinnantwort widerspiegelt.
Unsere bewußten Motive stehen ausschließlich im Dienst
der Sicherung der narzißtischen Homöostase. Sie erlauben es uns nicht, den tatsächlichen Handlungsgrund zu
erkennen. Dieser ist allenfalls aus den tatsächlichen
Handlungsfolgen mittelbar zu erschließen. Somit kommt
es darauf an zu lernen, eher die Folgen eigenen Handelns
zu sehen als die Motive, die uns scheinbar bewegt haben,
so oder anders zu handeln.

Die tatsächliche Sinnorientierung ist nur aus dem realen
Handeln zu erheben. Andererseits gibt erst das Handeln
Sinn. Ich kann also nicht erwarten, daß mein Leben einen
anderen Sinn hat, als den, der sich – gebrochen in zahlreichen Handlungen – alltäglich manifest macht. Der Versuch, von einer großen Theorie her Handeln zu organisieren, der Versuch also, Sinn und Handeln so auseinander-
zunehmen, daß Sinn dem Handeln vorausgeht, dieser
Versuch wird in aller Regel in eine gigantische Selbsttäu-

schung einmünden, die darin besteht, daß man sich selbst von der großartigen Theorie her selbst definiert. Ich kann also nur feststellen, ob ich eine marxistische, eine christliche, eine liberale Lebenseinstellung habe, wenn ich den realen Erfolg meiner Handlungen prüfe, nicht aber indem ich meinen »Glauben« prüfe. Ein Glaube, mag er profan sein oder religiös, ist tot, wenn er nicht das Handeln bestimmt. Anders gesagt: Ich glaube nur das, was mein Handeln bestimmt – und zwar nicht die Motive meines Handelns, sondern das reale Handeln, das ausschließlich aus seinen Ergebnissen und Folgen bestimmt wird.

Wieder seien einige Fragen gestellt, die es Ihnen ermöglichen sollen festzustellen, ob Sie zu realitätsabgelöster Ideal-Bildung neigen und deshalb kaum in der Lage sind, das Gefängnis Ihrer Ideale zu verlassen, um zu einer rationalen Sinnfindung zu kommen:

- Fühlen Sie sich verletzt, wenn man Ihren Handlungen weniger edle Motive unterstellt, als Sie meinen gehabt zu haben?
- Bekennen Sie sich zu einer Religion oder einer Weltanschauung, ohne ernsthafte Handlungskonsequenzen diesem Bekenntnis folgen zu lassen?
- Halten Sie sich für wertvoller als andere? Sind Sie der Überzeugung, daß Sie für viele ein Vorbild sein könnten?
- Akzeptieren Sie Ihre Schuldgefühle nicht, und versuchen Sie sie abzuwehren, indem Sie anderen Schuld zusprechen oder Schuld verdrängen?
- Verurteilen Sie andere Menschen gelegentlich moralisch?
- Verteilen Sie lieber Ratschläge, als daß Sie anderen Menschen durch die Tat helfen?
- Vermeiden Sie Sozialkontakte, die Sie nicht mehr be-

herrschen können, weil Sie befürchten, man könnte Sie emotional oder zeitlich, finanziell oder sozial ausbeuten oder leicht verwunden?

● Gibt es Menschen, die Sie für selbstgerecht, selbstgefällig oder arrogant halten?

Müssen Sie wieder zwei oder drei dieser Fragen bejahend beantworten, sollten Sie davon ausgehen, daß Sie Ihr Leben um Lebenslügen orientiert haben, die es Ihnen nahezu unmöglich machen, zu einer rationalen Sinnfindung zu gelangen.

Bei allen diesen Fragen kann man sich täuschen: Die Fragen können so »umverstanden« werden, daß man sie guten Gewissens verneinen kann. Bei dem Versuch, die Fragen dieses Kapitels möglichst ehrlich zu beantworten, kann Ihnen Ihr Partner sehr behilflich sein, indem er Ihnen mitteilt, wie er Sie vor dem Anspruch einer Frage wahrnimmt.

(3) Bemühen Sie sich um den Aufbau einer verläßlichen und realisierbaren Werteordnung. Wir wollen solche Werteordnungen, solche Ethiken, nicht überschätzen. In der Regel bleiben sie abstrakt und maskieren nur die tatsächlichen Motive. Dennoch aber gibt es Situationen, in denen das Verfügen über eine ethische Theorie hilfreich sein kann. Es sind das die sicher nicht allzu häufigen Augenblicke, in denen ein Mensch nicht weiß, was er tun soll. In solchen Situationen steht zu vermuten, daß die psychische Kompromißbildung mehrere Alternativen zuläßt oder aber ein Gebiet möglichen Handelns (noch) nicht orientierend abgedeckt hat. Eine Ethik hat also zwei Funktionen:

(a) Sie erlaubt eine sittliche Qualifikation von Handlungen aus den Handlungsfolgen (Güterabwägung), und (b) sie kann handlungsorientierend eingesetzt werden, wenn das Unbewußte keine zwingende Orientierung bereithält.

Die formulierbaren einfachen Sinnantworten sind in aller Regel solche Wertorientierungen. Sie haben deren Nutzen und die gleichen Grenzen.

Es ist nun wichtig, diese bewußte Werteordnung in Übereinstimmung zu halten oder zu bringen mit der tatsächlichen (und meist unbewußten) Sinnantwort.

Es seien nun wieder einige Fragen gestellt, deren Beantwortung Ihnen helfen kann zu erkennen, ob sie über eine Ethik verfügen und ob diese Ethik ihrer Sinnorientierung entspricht.

- Sind Ihnen die obersten handlungsleitenden Werte, denen das Ich folgt, um Konflikte zu lösen, bekannt?
- Versuchen Sie, dem ethisch-begründeten Abwägen zu entgehen, indem Sie auf technische oder organisatorische (in jedem Fall aber funktionale) Notwendigkeiten verweisen?
- Sind Sie der Auffassung, daß Sittlichkeit schon zureichend gesichert ist, wenn man das tue, was alle Menschen tun, wenn man in seinem Urteil der Menge folge, wenn man versuche, ein guter Mensch zu sein?
- Sind Sie ein Mensch, der ständige Aktivität braucht, weil er sonst nichts mit sich anzufangen weiß?
- Sind Sie ein Mensch, der Angst hat, seine Entscheidungen und Handlungen könnten ihn isolieren?
- Sind Sie ein Mensch, der gehorsam seine Pflicht tut, ohne sich immer und immer wieder Rechenschaft über sein Handeln und die Folgen seines Handelns zu geben?
- Haben Sie sich noch nie darüber Gedanken gemacht, in welchen möglichen Handlungsbereichen Sie psychisch determiniert sind?

- Haben Sie sich noch nie darüber Gedanken gemacht, ob Sie eigentlich Ihr eigenes Leben leben, oder aber von anderen gelebt werden, die Ihnen sagen, was gut für sie ist, welche Gefühle und Bedürfnisse man in welcher Situation haben solle, welche Meinung man äußern dürfe …?
- Sind Sie der Überzeugung, daß Sie doch nichts ändern können an den politischen, sozialen, ökonomischen Abläufen in unserer Gesellschaft?

Wiederum steht zu vermuten, daß die Bejahung von zwei oder mehr der gestellten Fragen auf eine mangelhafte ethische Ausstattung verweist. Offenbar ist es Ihnen noch nicht gelungen, zu einer sittlichen Persönlichkeit zu reifen. Sittlich aber sollte eine Persönlichkeit sein, die versucht, den Sinn ihres Lebens herauszufinden. Geschieht diese Suche nicht aus sittlichem Interesse, bleibt sie reine Neugier. Das aber ist recht wenig.
Sollten Sie sich für die Probleme der rationalen Begründung einer möglichen Ethik interessieren, empfehle ich Ihnen die Lektüre meines Buches: »Ethik in Wirtschaft und Politik« (erschienen im Wirtschaftsverlag Langen-Müller/Herbig in München).

(4) Bemühen Sie sich, Ihre Konfliktfähigkeit zu verbessern. Konflikte entstehen, wenn wir uns psychisch oder sozial von Realität ablösen bzw. uns nicht dem psychischen und sozialen Wandel anpassen. Konflikte sind also immer eine Chance, die Relitätsdichte zu überprüfen und zu verbessern.
Der schwierigste Konflikttyp liegt vor, wenn unsere psychische Kompromißbildung realitätswidrig geschah oder aber so starr ist, daß sie sich nicht veränderter Realität anpassen kann. Konflikte fordern dann von uns nicht nur

eine Neubestimmung unseres Selbst, sondern die Aufgabe von Selbstverständlichem (also etwa von selbstverständlich Richtigem, Wahrem, Gutem, Nützlichem ...) Da die meisten Menschen überfordert sind, wenn es gilt, das Selbstverständliche, das Evidente, das Unbezweifelbare aufzugeben, bedürfen sie zumeist dabei fremder sachkundiger Hilfe (etwa der eines Psychotherapeuten). Was spricht nun dafür, daß ein solcher »Kernkonflikt« (ein Konflikt, der den psychischen Persönlichkeitskern betrifft) vorhanden ist? Deutliche Hinweise sind das Auftreten neurotischer oder psychotischer Symptome: Wenn sich ein Mensch in einer Symptomwelt einrichtet (sie also nicht nur vorübergehend bemerkbar werden). Doch muß es nicht so offensichtlich ausgehen: Das verbreiteteste Anzeichen eines Kernkonflikts ist die Tendenz, unauflösliche Konflikte zu produzieren und sich so eine Welt zu schaffen, die voll ist von feindlichen oder doch unfriedlichen Situationen, die voll ist von Unzufriedenheit und Frustrationen, von Spannungen und Gefährdungen. Alles dieses ist sehr wohl real (und nicht etwa wahnhaft eingebildet). Aber es handelt sich um eine Realität, die erst vom Betroffenen selbst geschaffen wurde. Wir alle schaffen unsere soziale (und mittelbar dadurch auch weitgehend unsere psychische) Welt durch die Organisation und Struktur unserer Persönlichkeit, d.h. durch die Art und Weise, wie wir in bestimmten sozialen und psychischen Situationen mit Interaktionsangeboten anderer Menschen umgehen und ihnen Interaktionsangebote machen. Dieser Satz ist leichter formuliert als realisiert, denn die Situationen, in denen Interaktionen spielen, sind schon durch vorhergehende Interaktionen weitgehend definiert. Wenn ein Mensch unter vergleichsweise geringer psychischer oder sozialer Belastung sein Interaktionsverhalten so ändert, daß wichtige Interaktionen nicht mehr praktiziert werden können, verweist alles auf einen Kernkonflikt. Mir ist der Fall einer jungen Frau bekannt, die bei Partnerschaftsschwierigkeiten ihre beruflichen Pflichten erheblich vernachlässigte. Hier scheinen »normale« Schwierigkeiten zu nicht-normaler Veränderung der Interaktionsweisen geführt zu haben, wobei die Veränderung in keiner Weise dazu angetan ist, die ursprüngliche Schwierigkeit zu beheben – im Gegenteil.

Nun sind die meisten Formen der beschränkten Konfliktfähigkeit nicht dieser Art. Das soll aber nicht heißen, daß die Konfliktfähigkeit nicht immer schon vom Betroffenen selbst wieder hergestellt oder verbessert werden könnte. So benötigen auch die Menschen im Regelfall fremder Hilfe, die Konflikte über Wiederholungszwänge produzieren. Da der psychische Zwang, eine bestimmte Konfliktsituation immer wieder herzustellen, weil sie einmal (meist in früher Jugend) nicht aufgelöst wurde und somit latent vorhanden geblieben ist, nicht erkannt wird, stehen dem Betroffenen keine sinnvollen Strategien zur Verbesserung seiner Konfliktfähigkeit zur Verfügung. Erst die genaue Kenntnis des Ursprungskonfliktes und die nachfolgende Auflösung befreien vom Wiederholungszwang. Mir ist der Fall eines Mannes bekannt, der über geeignete Interaktionsweisen früher oder später seine Vorgesetzten dazu brachte, sich ihm gegenüber funktional zu verhalten. Diese funktionale Form der Herrschaftsausübung aber produzierte erhebliche Autoritätskonflikte, die unauflösbar waren, da ihr Mechanismus unbekannt blieb. Die Analyse ergab, daß dieser Mann in seiner Kindheit von einem Vater geführt wurde, der, weil beruflich zu funktionalen Einstellungen gezwungen, diese auch in der Familie reproduzierte. Auf diese Weise wurde eine Form der Autoritätsausübung in die Familie eingebracht, die zu unauflösbaren Konflikten führte, weil der Konfliktgrund selbst unbekannt blieb. Diese unaufgelösten Konflikte repräsentierten sich nun in entsprechenden Wiederholungszwängen.

Ein weiteres Konfliktmuster, das oft genug nicht ohne fremde Hilfe aufgelöst werden kann, wurde schon vorgestellt. Es ist das jenes Muster, bei dem ein Mensch keine praktikablen Strategien beherrscht, Zuwendung zu erhalten.

Nun sind viele Beschränkungen der Konfliktfähigkeit harmloserer Art. Nicht selten verfügen Menschen nicht über optimal eingestellte oberste handlungsleitende Werte oder aber diese Werte werden nicht praktisch. Eine solche Konfliktunfähigkeit ist nicht selten durch den Betroffenen selbst zu beheben. Dazu ist es nötig, (1) die handlungsleitenden Werte kennenzulernen und (2) sie sinnvoll zu korrigieren.

Die eigenen handlungsleitenden Werte kann man kennenlernen, indem man jene »Werte« erhebt, nach denen man sich in Konfliktsituationen tatsächlich orientiert. Besonders aufschlußreich sind hier die Werte, deren Einsatz zu einer unteroptimalen Konfliktlösung führt. Ein Beispiel mag das Gemeinte erläutern: Sie sind empört über eine fremde Meinung und zeigen diese Empörung. Der handlungsleitende Wert, der Sie dazu bringt, Ihrer Empörung Ausdruck zu geben, mag etwa so zu formulieren sein: »Wenn ich mit etwas nicht einverstanden bin, sage ich es auch, weil alles andere feige wäre!« Stellen Sie fest, daß dieser Wert häufig zu destruktiven Konflikten führt, sollten Sie ihn aufgeben und bewußt durch einen anderen ersetzen. Das ist sicher dann nicht leicht, wenn der handlungsleitende Wert tief im Überich wurzelt und durch das (konventionelle) Gewissen geboten wird. Die Neuorientierung der handlungsleitenden Werte und damit die Verbesserung der Konfliktfähigkeit setzt das Vermögen voraus, mit einem bestimmten Maß von Angst, Schuld, Scham und Mindergefühlen leben zu können, die sich dann einstellen, wenn wir uns überichungehorsam verhalten.

Auch ein anderer Typ von verminderter Konfliktfähigkeit steht für manche Menschen zur Disposition: Man kann Konflikte unlösbar machen, indem man den Konfliktpartner ins Unrecht setzt, ihm Schuldgefühle vermittelt oder ihn über Herrschaftstechniken zum Schweigen bringt. Solche Formen des Konfliktverhaltens müssen unbedingt vermieden werden. Werden sie über psychische Zwänge eingesetzt, ist eine Therapie unbedingt angezeigt. Beruhen sie auf fehlgelernten Mustern, kann man versuchen, sie sich durch gezielte Gegenstrategien abzugewöhnen.

Mir ist der Fall einer Frau bekannt, die grundsätzlich jede Meinungsverschiedenheit mit dem Partner so gestaltete, daß sie ihm die Schuld an dieser Meinungsverschiedenheit gab (und sie nicht realitätsgerecht etwa in divergierenden Interessen, Meinungen, Erwartungen … sah). Damit machte sie den Konflikt unlösbar, weil sie einen Sachkonflikt auf die Beziehungsebene oder einen Beziehungskonflikt auf die Sachebene verlagerte. Damit war das Konfliktthema auf eine Ebene verschoben worden, auf der es nicht lösbar war.

Einem ähnlichen Mechanismus begegnete ich in meiner Beratungstätigkeit in vielen Betrieben oder Abteilungen. Es wurden unlösbare Konflikte produziert, indem Sachprobleme personalisiert wurden. Häufig geschehen solche Personalisierungen, indem bestimmte Problemlösungen an bestimmte Personen gebunden werden. Das aber bedeutet, daß Konfliktlösungen Verlierer hinterlassen. Die potentiellen Verlierer wehren sich gegen die ihnen widersprechende Problemlösung und verhindern damit oft genug nicht nur eine optimale Problemlösung, sondern jede problemlösende Entscheidung überhaupt. Ich vermute, daß über solche Personalisierungen von Sachproblemen viele Unternehmen zugrundegerichtet worden sind.

Hat man aber einmal den Mechanismus der Personalisierung durchschaut, kann man lernen, ihn zu vermeiden. Die Dialektik bietet hierfür geeignete Strategien an.

Hier seien wieder einige Fragen gestellt, deren Antwort es Ihnen ermöglichen soll, das Maß Ihrer persönlichen Konfliktfähigkeit zu bestimmen:

- Neigen Sie dazu, Sachkonflikte zu personalisieren?
- Neigen Sie dazu, im Konfliktfall dem Konfliktpartner Schuldgefühle zu vermitteln?
- Neigen Sie dazu, Konflikte so zu interpretieren, daß es darum gehe, andere zu besiegen, gegen andere recht zu behalten, Ihre Meinung durchzusetzen ... (dabei sollte es darum gehen, gemeinsam den Konflikt zu beheben – ein unteroptimal gelöster Konflikt kennt nur einen Sieger: den Konflikt, alle anderen sind Verlierer)?
- Neigen Sie dazu, Ihre handlungsleitenden Werte für nicht der Korrektur bedürftig zu halten?
- Neigen Sie dazu, anderen Menschen Schuld zuzusprechen, wenn ein Konflikt unlösbar zu sein scheint?
- Schließen Sie die Möglichkeit aus, Ihre Konfliktfähigkeit therapeutisch zu verbessern?

Sollten Sie wieder mehr als zwei dieser Fragen bejahen, ist Ihre Konfliktfähigkeit nicht zureichend gut ausgebildet. Sie werden die Chance zur verbesserten Realitätsannäherung, die mit Konflikten gegeben ist, nicht nutzen. Damit steht ebenfalls nicht zu erwarten, daß Ihre psychischen Begabungen ausreichen, die Sinnfrage realitätsdicht zu beantworten. Die Konfliktfähigkeit eines Menschen kann als Maßstab seiner Orientierung an psychischer und sozialer Realität gewertet werden.

Im Vorhergehenden sind nur Konflikte des sozialen Typs abgehandelt worden. Es gibt nun Menschen, die zwar in der Lage sind, soziale Konflikte zu lösen, nicht aber ihre psychischen. Gelegentlich verschieben sie sogar den Konflikt vom sozialen in den psychischen Bereich und täuschen so Konfliktfähigkeit vor. Sie leben zwar mit ihrer Mitwelt in Frieden (ein Friede, der Konflikte und deren Lösung durchaus einschließt, also kein fauler ist), nicht aber mit sich selbst. Der Unfriede mit sich selbst kann sich sehr verschieden artikulieren: Merkmale psychischer Konflikte sind:

- Die Unfähigkeit, sich zu freuen.
- Die Unfähigkeit, spontan zu sein und mit fremder Spontaneität etwas anfangen zu können.
- Die Unfähigkeit, über eigene Gefühle anders als funktional (informatorisch) zu sprechen.
- Die Unfähigkeit, mit sich allein sein zu können.
- Die Unfähigkeit zu trauern.
- Die Unfähigkeit, sich in schwierigen Situationen schnell zu entscheiden.
- Die Unfähigkeit, Schuld bei sich selbst zu suchen und zu finden.
- Die Unfähigkeit, zu verlieren.
- Die Unfähigkeit, ein positives Verhältnis zur negativen, wenngleich an sich konstruktiven Kritik aufzubauen.
- Die Unfähigkeit, gelegentliches psychisches oder soziales Unwohlbefinden als unvermeidlich zu akzeptieren.
- Die Unfähigkeit, stabile soziale Bindungen einzugehen.

- Die Unfähigkeit, Zuwendung, Liebe, Dankbarkeit, Verzeihung zu zeigen.
- Die Neigung, sich selbst zu schaden.
- Die Neigung, Konflikte durch Rückzug zu lösen.
- Die Neigung, sich in Traumwelten zu flüchten.
- Die Neigung, nur den eigenen Nutzen zu suchen.

Sollten Sie bei sich eine Mehrzahl solcher Unfähigkeiten und Neigungen entdecken, gilt es zu prüfen, ob sie nicht erheblich die Entfaltung ihres sozialen und/oder psychischen Lebens beeinträchtigen. Ist das der Fall, sollten Sie sich unbedingt von einem Fachmann helfen lassen. Alle genannten Unfähigkeiten und Neigungen verweisen auf ungelöste psychische Konflikte, die es Ihnen unmöglich machen, Leben optimal zu entfalten. Zudem fördern sie eine realitätsfremde Interpretation der eigenen Existenz und machen Sie somit ungeeignet, die Sinnproblematik optimal zu lösen.

(5) Lernen Sie zu meditieren. Etymologisch falsch, dennoch inhaltlich zutreffend kann man das lateinische »meditari« deuten als »in medium ire et ex medio ire«, als ein In-die-eigene-Mitte-Gehen und ein Aus-der-eigenen-Mitte-handelnd-Herauskommen. Beides will Meditation erreichen: Sie will lehren, die eigene Mitte zu finden, um in sie hineingehen zu können; sie will lehren, aus der Mitte der Persönlichkeit heraus zu handeln. Orientiertes Handeln ist nicht möglich, wenn die Ereignisse an der Peripherie der Persönlichkeit die Entscheidungen bestimmen, sondern nur, wenn man aus einem Persönlichkeitsgrund heraus handelt.
So nimmt es nicht wunder, daß viele Menschen, aufgefordert aus den Folgen ihrer Handlungen den Sinn ihres Lebens zu erschließen, an dieser Aufgabe scheitern. Wer sei-

ne Handlungen bestimmt sein läßt als Reaktionen, die die Umweltsituation mit der psychischen Kompromißbildung verbinden, wird kaum jemals so viel an Orientierung in all seinem Handeln aus dessen Folgen erschließen, daß sich hieraus eine Sinnantwort erheben ließe.

Ich werde Ihnen im Folgenden eine Meditationsmethode vorstellen, die außerordentlich effizient ist, wenn Sie die angegebenen Regeln *genau* befolgen:

(a) Meditieren ist Ihnen verboten, wenn Sie psychisch krank sind oder auch nur den Verdacht haben, psychisch krank zu sein oder krank werden zu können. Vor allem folgende Symptome sollten Sie abhalten zu meditieren: Sie neigen dazu, ihre Probleme zu lösen, indem sie sich von anderen Menschen fernhalten oder sich von ihnen zurückziehen. Sie neigen dazu, die Dinge pessimistisch zu sehen. Ihre Konfliktfähigkeit ist nach dem oben Gesagten so weit eingeschränkt, daß Sie fremder Hilfe bedürfen. Sie neigen dazu, sich von anderen Menschen abhängig zu machen. Intensive Bindungen machen Ihnen Angst. Angst bestimmt Ihr Verhältnis zur Zukunft.

(b) Entspannen Sie sich.
Beherrschen Sie die Techniken des Autogenen Trainings, wenden Sie zur Entspannung die Schwere- und Wärmeübung an. Es ist zumeist nicht empfehlenswert, die weiteren Schritte des Autogenen Trainings zu gehen (es sei denn, sie laufen von selbst ab). Beherrschen Sie keine Entspannungstechnik, erlernen Sie folgende: Sie legen sich auf den Rücken, so daß die Hände nicht den Körper berühren. Die Beine sind leicht gespreizt, die Füße fallen (natürlich) nach außen. Kopf und Füße sollen nirgendwo anstoßen. Nun schließen Sie locker die Augen und konzentrieren sich auf Ihr Atmen. Versuchen Sie, die Innenseite der Nasenlöcher, an der die Atemluft vorbeiströmt,

wahrzunehmen. Versuchen Sie – ohne jeden Krampf – die Vorstellung zu erzeugen, daß nicht Sie atmen, sondern daß es atmet. Das Atmen geschieht. Diese Übung sollten Sie so lange trainieren, bis Sie sie beherrschen. Sind Sie soweit gekommen, haben Sie den schwierigsten Teil der Entspannungsübung hinter sich gebracht.

In den folgenden Übungen konzentrieren Sie sich der Reihe nach auf die wichtigsten Muskeln Ihres Körpers. Versuchen Sie, sie bewußt zu lockern. Dabei wählen Sie am günstigsten diese Reihenfolge: Stirn, Augen, Wangen, Mund, Hals (Nacken vor allem). Fahren Sie dann fort, indem Sie sich auf die Muskulatur der Schultern, der Arme und Hände konzentrieren, um sie zu entspannen. Darauf folgt die Muskulatur des Bauches, des Gesäßes, der Beine und Füße. Wenn Sie gelernt haben, sich so zu entspannen, trainieren Sie diese Übung so lange, bis Sie Ihren Körper in ein oder zwei Minuten entspannen können. Später wird die reine Vorsatzbildung: »Ich entspanne meinen Körper« ausreichen, die Entspannung in wenigen Sekunden herzustellen. Verweilen Sie in der Lernphase zu dieser Übung wenigstens drei und höchstens zehn Minuten im körperlich entspannten Zustand. Wenn Sie in die eigentliche Meditationsphase eintreten, genügen wenige Augenblicke der Vergewisserung der totalen Entspannung.

Diese Entspannungsübung hat nicht nur ihre Bedeutung als Vorstufe zur Meditation. Sie kann Ihnen auch helfen, sich in Situationen zu lockern, in denen Sie sich verkrampft oder angespannt wahrnehmen. Sie werden bald bemerken, daß mit der körperlichen Entspannung auch eine psychische verbunden ist.

(c) Wählen Sie sich ein »Mantra« aus.

Ein »Mantra« ist ein ein- bis dreisilbiges Wort, das keine umgangssprachliche Bedeutung haben und keine besonderen Gefühle auslösen soll. Es soll jedoch Harmonie ausstrahlen. Beispiele für Mantras mögen sein: »kama«, »lumi«, »taumo«, »indri«. Bei der Auswahl eines Mantras gehen Sie am günstigsten so vor, daß Sie eine Liste von etwa fünf äußerlich geeigneten Worten anlegen, diese sich halblaut einige Male vorsprechen, und dann das Wort als Mantra aussuchen, das Ihnen »das beste Gefühl« vermittelt. Bei diesem Mantra sollten Sie bleiben. Während Sie sich im entspannten Zustand befinden, sagen Sie sich Ihr Mantra möglichst (genau) 20 Minuten lang innerlich (ohne die Sprechwerkzeuge zu bemühen) vor. Dabei beginnen Sie zügig. Im Verlauf der Meditation wird sich das Mantra auf ein passendes Tempo einstellen: Es kann sich am Rhythmus des Atmens, des Herzschlages, des Uhrtikkens ... orientieren. Wichtig ist, daß Sie es nicht bewußt an ein bestimmtes Tempo binden.

Dem Mantra wurde gelegentlich (etwa von den Vertretern der Transzendentalen Meditation) eine geradezu mystisch-heilige Bedeutung gegeben. Sie ist jedoch außerordentlich profan. Der Zweck des Mantras ist es, die Aufmerksamkeit und den Gedankenfluß nicht abschweifen zu lassen. Sie werden während des Meditierens bemerken, daß den Hauptstrom der bewußten Gedanken ein oder zwei Unterströme (die des Unterbewußtseins) begleiten. Wenn wir uns in keiner Weise konzentrieren, wechselt das Interesse leicht von einem in den anderen Strom. Das Mantra hat die Funktion, sich selbst im Hauptstrom des Bewußtseins zu halten. Anfangs werden Sie bemerken, daß es gelegentlich ganz verschwindet oder ins Unterbewußte gerät. Sie sprechen es zwar noch innerlich vor sich hin oder in sich hinein, doch das Bewußtsein ist im Augenblick mit anderen Inhalten befaßt.

Gelingt es Ihnen, im Hauptbewußtsein am Mantra festzuhalten, wird sich bald ein Bewußtseinszustand einstellen, der zwischen dem normalen Wachzustand und dem normalen Unterwachzustand (des Dösens oder Schlafens) liegt. Diesen Bewußtseinszustand nennt man »außerwach«. Er ist der für die Meditation typische Bewußtseinszustand.

Anfangs werden Sie ihn kaum wahrnehmen. Doch nach einigem Üben lernen Sie, ihn deutlich vom normalwachen und unterwachen Bewußtseinszustand zu unterscheiden. Das Aufsagen des Mantra verhindert einerseits das Abgleiten in einen unterwachen Bewußtseinszustand. Sie müssen sich beim Aufsagen des Mantra so konzentrieren, daß ein Abgleiten ins Dösen oder Schlafen nicht möglich ist. Auf der anderen Seite absorbiert aber die Konzentration auf das Mantra so viel an Aufmerksamkeit, daß auch der normalwache Bewußtseinszustand nicht erreicht wird, ein Zustand also, in dem sie voll bewußt denken.

Zu Beginn der Einübung in das Meditieren wird es immer wieder geschehen, daß sie in einen unterwachen oder normalwachen Bewußtseinszustand gleiten. Das ist nicht schlimm, sondern ganz normal. Wenn sie regelmäßig über dem Meditieren einschlafen, leiden Sie wahrscheinlich an einem Schlafdefizit. Prüfen Sie bitte, ob Sie genug schlafen. Verlassen Sie Ihr Mantra, sei es, daß es ins Unterbewußte abgleitet, sei es, daß es gar nicht mehr gesprochen wird, weil irgendwelche Vorstellungen, Bilder, Erinnerungen … dominieren, kehren Sie bitte, sobald Sie Ihr Abschweifen bemerken, ruhig zum Mantra zurück. Alles, was während der Meditation geschieht, ist gut, solange Sie nicht bewußt in den meditativen Ablauf störend eingreifen, indem Sie etwa die Meditation vor der Zeit abbrechen oder gewollt an einem auftauchenden Gedanken festhalten.

Sie können die Lernphase, in der das Abweichen vom außerwachen Bewußtseinszustand noch häufig ist, unter

Umständen etwas abkürzen, wenn Sie vor dem Eintritt in die Meditation einige Male halblaut den Vorsatz formulieren: »Ich will 20 Minuten bei meinem Mantra bleiben!« Es ist nicht wünschenswert, daß Sie mit anderen Menschen über Ihr Mantra sprechen. Das hat keinerlei mystischen Grund. Aber es gilt, an das Mantra keine Assoziationen anzulagern, die aus der normalwachen Kommunikation stammen. So vermehrt sich die Wahrscheinlichkeit, daß im Unterbewußten kommunikative Szenen eine Rolle spielen, die sich während der Meditation unversehens ins Bewußtsein spülen.

(d) Lernen Sie, mit Zerstreuungen umzugehen.
Gerade am Anfang besteht die Gefahr des Sich-Festmachens an auftauchenden Bildern, Vorstellungen, Gedanken. Solche Vorstellungen, Bilder, Gedanken sind so lange nicht störend, wie Sie sich nicht bewußt bei Ihnen aufhalten, indem Sie sie analysieren oder über Handlungskonsequenzen nachdenken. Das würde verhindern, daß Ihr Mantra frei weiterläuft. Sollten Vorstellungen, Bilder, Gedanken ein erhebliches Interesse in Ihnen auslösen, können Sie die Konzentration auf Ihr Mantra zu steigern versuchen, indem Sie es sich geschrieben vorstellen – oder geschrieben an Ihrem geistigen Auge vorbeilaufen lassen. Achten Sie darauf, daß vor allem bildhafte Vorstellungen auf einer Bewußtseinsebene, die unter der des Mantra liegt, nicht abgewürgt werden, denn sie sind für die weitere Entfaltung Ihrer meditativen Fähigkeiten von erheblicher Bedeutung.
Schwieriger als innere Störungen sind für viele Menschen solche, die von außen kommen. Vor allem plötzlich auftauchende laute Geräusche können sehr stören. Sie sind deshalb zu vermeiden. Suchen Sie sich eine Zeit und einen Raum fürs Meditieren, da Sie weitgehend vor klingelnden

Telefonen und schlagenden Türen sicher sind. Langsam anschwellende Geräusche, wie etwa aufkommender Fluglärm, Schritte eines sich nähernden Menschen ... sollten Sie nicht abwehren, sondern ähnlich wie Gedanken oder innere Vorstellungen behandeln: wahrnehmen, ohne sich daran festzumachen. Es ist also falsch, sich darüber zu ärgern oder sie zu überhören versuchen. Besser ist es schon, den Rhythmus des Mantra darauf einzustellen. Ein wichtiger Typ der Ablenkungen sind Wertungen. Noch einmal: Alles, was während der Meditation »von selbst« geschieht, ist gut – und mögen es noch so beängstigende Gedanken, Sorgen oder Erinnerungen sein. Auch ist es unerheblich, ob Sie während der Meditation Ihren entspannten Zustand beibehalten. Merken Sie, daß Sie verkrampfen, dann verkrampfen Sie eben – und das ist gut, solange Sie weder die Verkrampfung sonderlich beachten oder gar gegen sie vorgehen.

(e) Setzen Sie eine Dauer für die Meditation fest und halten Sie sie möglichst genau ein. Am Anfang empfiehlt es sich, eine Dauer von möglichst genau 20 Minuten pro Meditation anzusetzen. Anfangs müssen Sie sich vielleicht einen Wecker stellen. Doch schon nach wenigen Tagen bekommen Sie ein Gespür, das Ihnen sagt, wenn die vorgenommene Zeit abgelaufen ist. Meditationsdauern von weniger als 15 Minuten sind nicht ertragreich, solche von deutlich über 30 Minuten anfangs nicht zu empfehlen. Optimal sind für den Anfänger drei Meditationen pro Tag. Ein Minimum von zwei täglichen Meditationen ist nötig, um richtig zu lernen. Die Zahl der täglichen Meditationen sollte vier nicht übersteigen. Eine Gesamtzeit von täglich über 90 Minuten ist nur für Meditationstherapien unter fachlicher Aufsicht angezeigt. Meditieren Sie länger, müssen Sie damit rechnen, daß sehr alte, an sich unbewußte Szenen wieder ins Bewußtsein dringen und hier erhebliche Unruhe und Verwirrung stiften können.

(f) Tauchen Sie aus der Meditation langsam auf. Ist die vorgenommene Zeit abgelaufen, nehmen Sie bitte den außerwachen Bewußtseinszustand nicht abrupt zurück, wie Sie es vielleicht beim Enden des Autogenen Trainings gelernt haben. Nehmen Sie sich etwa drei bis fünf Minuten Zeit um Auftauchen. In dieser Auftauchzeit sollten Sie zunächst ruhig liegen bleiben, sich dann langsam hinsetzen, um dann – nach einer kleinen Pause – langsam aufzustehen. Vor allem wenn Sie an niedrigem Blutdruck leiden, sollten Sie sich für diese Phase Zeit nehmen. Da ein zu plötzliches Auftauchen schädlich ist, sollten Sie auch aus diesem Grund plötzliche Störungen ausschließen.

(g) Beachten Sie die Nebenwirkungen.
Meditieren ist ein tiefgreifender psychischer Eingriff von erheblichen Folgen. Die beim psychisch Gesunden wichtigsten sind:

● Große psychische Ausgeglichenheit und Gelassenheit.
● Ein hohes Maß an Streßstabilität.
● Ein kaum zu erschütternder innerer Friede.
● Eine wachsende persönliche Ausstrahlungskraft.

Doch auch die physiologischen Reaktionen sind erheblich. So werden während der Meditation bei allen Menschen, die die hier ausgeführte Technik der Meditation beherrschen, folgende meßbaren Veränderungen beobachtet:

● Das EEG ist deutlich verändert. Im Gebiet der vorderen Großhirnrinde werden harmonische Alphawellen

188

(mit einer Frequenz von acht bis neun) gemessen. Solche Wellen werden sonst nur in der erholsamen Tiefschlafphase beobachtet.

- Der Grundumsatz sinkt (stärker als im Schlaf) um etwa 15%.
- Die Atemfrequenz sinkt um 25% bis 40%, das Herzminutenvolumen um ebenfalls etwa 15%.
- Der Hautwiderstand nimmt deutlich zu.

Man kann davon ausgehen, daß das Vegetativum während der Meditation stark regeneriert und vegetative Ungleichgewichte auf die Dauer behoben werden. Da eine habituelle vegetative Irritation vielen psychosomatischen Krankheiten vorausgeht, kann die Meditation bei vegetativen Störungen und den sich aus ihnen entwickelnden psychosomatischen Erkrankungen die Therapie der Wahl sein.

Eine weitere Nebenwirkung ist das Auftauchen alter Konfliktthemen, die so im Prinzip aufarbeitbar gemacht werden. Solche Aufarbeitung setzt jedoch in der Regel die Hilfe eines guten Meditationstherapeuten voraus. Wenn die auftauchenden Erinnerungen Sie sehr belästigen, sollten Sie sie mit einem Psychologen durchsprechen.

Da die Meditation von erheblicher therapeutischer Wirkung ist, müssen Sie damit rechnen, daß »Behandlungswiderstände« auftauchen.

»Behandlungswiderstand« bezeichnet einen psychischen oder psychisch begründeten Widerstand gegen alle Maßnahmen, die die alte, oft pathogene oder gar pathologische Kompromißbildung gefährden könnten. Solche Widerstände werden stets maskiert. Häufig sind Masken der Art: »Das Meditieren bringt mir nichts!«, »Ich habe keine Zeit für so etwas!«, »Meditieren ist nur etwas für Spinner!« ... Vor allem das Zeitargument ist häufig – aber

189

falsch. Denn eine Stunde Meditation täglich ersetzt eine Stunde Nachtschlaf. Meditieren Sie regelmäßig, werden Sie bemerken, daß Sie mit reduzierten Schlafzeiten auskommen. Achten Sie dabei aber auf das Signal des Abtauchens in einen unterwachen Bewußtseinszustand. Wiederholt sich dieses Signal, vermittelt es die Botschaft von einem Schlafdefizit.

Meditationswiderstände der genannten Art sollten Sie nicht vom Meditieren abhalten. Sie sind üblich und bestätigen nur, daß das Meditieren psychisch greift.

Es muß jedoch auch auf andere Nebenwirkungen hingewiesen werden, die Sie nicht übersehen dürfen. So tritt nicht selten eine Übersensibilität gegen Störgeräusche auf, die erst nach einigen Wochen wieder verschwindet. Auch Schmerzen alter Operationsnarben sind nicht selten. Gehen Sie mit solchen Schmerzen bitte um wie mit Außenstörungen. Sehr oft wird auch eine Übersensibilität gegen Genußgifte (Alkohol, Nikotin, Koffein ...) beobachtet. Das kann vor allem bei Alkoholgenuß erheblich werden. Ich erlebte verschiedentlich, daß ein Teilnehmer mit sonst üblicher Alkoholtoleranz während des Meditationskurses schon nach zwei Gläsern Wein erhebliche Trunkenheitsmerkmale demonstrierte (Taumeln, Lallen, enthemmte Bemerkungen ...). Wenn Sie regelmäßig meditieren, wird Ihr Bedürfnis, Genußgifte aufzunehmen, abnehmen oder ganz schwinden. Akzeptieren Sie bitte den sich im fehlenden Bedürfnis ausdrückenden Wunsch Ihrer Psyche, auf Genußgifte zu verzichten.

Eine weitere Nebenwirkung kann besonders störend sein. In den ersten Wochen Ihrer Meditationspraxis kann es zu Phasen eines Gefühls leichter »Umnebelung« kommen. In solchen Phasen oder in der Erwartung solcher Phasen sollten Sie darauf verzichten, Auto zu fahren oder andere komplizierte Maschinen zu bedienen. Diese Pha-

sen der »Umnebelung« schwinden aber nach spätestens
14 Tagen regelmäßiger Meditation.

Gelegentlich sind auch Nebenwirkungen bekannt geworden, die eine neurotische und psychotische Symptomatik
vorgeben. In diesen Fällen sollten Sie das Meditieren so-
fort einstellen und einen Arzt aufsuchen.

Es kann sehr hilfreich sein, vor allem wenn Sie selbst sich
Ihrer psychischen Stabilität nicht sicher sind, den Partner
oder einen anderen Menschen Ihres Vertrauens zu bitten,
Ihnen alle Verhaltensänderungen mitzuteilen, die ihm an
Ihnen auffallen. Daß sich Ihr Verhalten durch regelmäßi-
ges Meditieren ändert, ist unvermeidlich und erwünscht.
Aber die Verhaltensänderung sollte Leben (Ihres und das
anderer Menschen) freisetzen, entfalten helfen und nicht
mindern. So ist im Fall jeder Lebensminderung (vor allem
auch des sozialen Lebens) eine sehr genaue Beobachtung
weiterer Veränderungen im Verlauf des meditativen Trainings angezeigt.

Wenn Sie regelmäßig meditieren, werden Sie nicht nur
immer mehr zu sich selber finden, sondern Sie haben die
Chance, Sie selbst zu werden, der also, der Sie tatsächlich
sind – unverstellt durch die deformierenden Einflüsse Ihrer Umwelt. Es gibt keine Strategie, die auch nur annä-
hernd auf dem Wege zu sich selbst so hilfreich ist. Selbst
die Psychoanalyse muß hier in vielem dem Meditieren
nachstehen.

Haben Sie nun einige Monate oder Jahre auf die angegebe-
ne Weise meditiert, ist es an der Zeit, weiterzuschreiten.
Dabei aber kann Ihnen kein Buch mehr helfen, sondern
nur ein sehr erfahrener Meditationslehrer, der sich auf
Ihre Weise des Meditierens einstellen und es weiterführen
kann.

Wenn Sie längere Zeit regelmäßig meditieren, ist es nicht
ausgeschlossen, daß sie ein Erlebnis haben, das man im

Zen »satori« nennt, das Erich Fromm als X-Erfahrung bezeichnet. In dieser Erfahrung wissen Sie plötzlich um den Sinn Ihres Lebens, ohne ihn auch nur andeutungsweise verbalisieren zu können. Ihre X-Erfahrung werden Sie im Horizont Ihrer Weltanschauung verarbeiten. Sind sie ein theistisch-religiöser Mensch, werden Sie sie vielleicht als Gotteserfahrung wahrnehmen, orientieren Sie sich eher profan, eher als »kosmisches Gefühl«, als die Wahrnehmung der Welt, des Lebens, dessen, was real wichtig ist. Sie sind dann am Ende der Sinnsuche angelangt – und wissen darum. Alle Rätsel, die Ihnen die Welt und Ihr Selbst aufgaben, erscheinen gelöst. Sicher behaupten auch manche an Schizophrenie erkrankte Menschen, solche Erfahrungen gemacht zu haben. Doch gibt es einen entscheidenden Unterschied: Die X-Erfahrung führt zu einer objektiv verbesserten Realitätsdichte, die emprisch aus der verbesserten Konfliktfähigkeit nachweisbar ist.
(6) Versuchen Sie, sich selbst kennenzulernen.
Alle Versuche herauszufinden, wer man tatsächlich sei, welche Eigenschaften man in Realität besitze und welche nicht, ob man ein optimales Spektrum beherrsche, Interaktionsangebote zu machen und mit denen anderer Menschen sinnvoll umzugehen …, alles also, was von uns selbst zu wissen äußerst nützlich wäre, sind weitgehend blockiert durch das Bemühen unserer Psyche, um nahezu jeden Preis die narzißtische Homöostase zu stabilisieren. Selbsterkenntnis ist also nur dann möglich, wenn

- die narzißtische Homöostase nicht labilisiert wird (etwa durch In-Frage-Stellen einer stabilen Kompromißbildung) oder
- die bestehende Kompromißbildung schleichend geändert wird.

Wir wollen uns keinen Täuschungen hingeben: Selbsterkenntnis ist oft nur in einem schmalen Sektor möglich
(wenn die Homöostase nicht gefährdet wird) und muß
prozessual (durch langsame Änderung der Kompromißbildung) erfolgen. Nicht zufällig dauert die durch die
Techniken der Psychoanalyse erreichbare Selbsterkenntnis 500 oder mehr Sitzungen (meist länger als vier Jahre).
Es gibt nichts psychisch Stabileres als jene Lebenslügen,
jene Täuschungen über uns selbst, die unsere Psyche benötigt, um nicht aus dem Gleichgewicht zu geraten, um
das Selbst zusammenzuhalten und vom endgültigen und
totalen Zerfall (dem psychischen Tod) zu bewahren.
Bricht die narzißtische Homöostase zusammen, ist das
durchaus vergleichbar mit einem Kollaps der physiologischen Homöostase, der äußerste Lebensgefahr bedeutet.
Unsere Lebenslügen stehen zunächst im Dienst der Lebenserhaltung und sind somit nicht negativ zu werten.
Problematisch werden sie, wenn sie sekundär durch mangelnde Anpassung an Realität psychisches oder soziales
Leben gefährden oder doch an weiterer Entfaltung hindern. Nicht wenige Lebenslügen wirken lebensmindernd. Es gilt also – etwa in einer Therapie – sorgsam die
lebenssichernde und die lebensgefährdende Funktion
konkreter Lebenslügen gegeneinander abzuwägen. Das
muntere Halali, das die frühe Psychoanalyse zur Jagd auf
Lebenslügen blies, gilt heute allgemein als Kunstfehler.
Wenn Sie sich um Selbsterkenntnis mühen, sollte Ihnen
die Wahrscheinlichkeit, daß lebenssichernde Lebenslügen, lebenserhaltende Kompromißbildungen in Frage gestellt werden, so daß es zu einer ernsthaften Labilisierung
der narzißtischen Homöostase kommt, nur dann Sorgen
machen, wenn Sie im Prozeß der Selbsterkenntnis neurotische oder psychotische Symptome entwickeln: wenn etwa Ängste überhandnehmen, wenn Sie zur Resignation

neigen, wenn Sie sich sozial zurückziehen – und das nicht nur gelegentlich. Der diesem Kapitel folgende Anhang, will Sie mit einigen Strategien vertraut machen, die Ihnen helfen können, sich im angegebenen Rahmen selbst zu erkennen.

Fragen wir uns zu Ende dieses Kapitels nach den Kriterien einer gelungenen Sinnantwort. Die Sinnantwort ist geglückt, wenn sich folgende Veränderungen feststellen lassen:

(1) Ihr emotionales, soziales, intellektuelles, erotisches, musisches ... Leben beginnt sich zu entfalten. Es erschließt sich neue Räume, neue Interessen, neues Engagement.

(2) Die Menge der Rollen, unter denen sich Ihre Persönlichkeit vorstellt, nimmt nicht über das für ein entsprechendes Alter Normale hinaus ab, sondern wird eher größer. Ob das so ist, können Sie leicht feststellen: Vermehrt sich der Typ von Interaktionsangeboten, die Sie sinnvoll (d.h. mit nachfolgender adäquater Antwort Ihrer Umwelt) Ihren Mitmenschen machen, vergrößert sich die Menge der Interaktionsangebotstypen anderer, mit denen Sie sinnvoll umgehen können, ist das ein sicheres Anzeichen, daß sich Ihre Persönlichkeit weitet und sich die beherrschten Rollen mehren.

(3) Ihre Selbstachtung wird weniger abhängig von Anerkennung oder der Achtung durch andere. Ihr Selbstwertgefühl ist nicht leicht zu kränken. Sie entwickeln ein lokkeres Verhältnis zu Erfolg und Anerkennung, indem Sie beide wohl anstreben, aber nicht zu ihren Sklaven werden.

(4) Ihre Konfliktfähigkeit nimmt zu. Sie produzieren keine überflüssigen Konflikte mehr und können die unvermeidlichen – soweit es an Ihnen liegt – lösen (d.h. nicht nur verschieben oder zudecken, sondern zum Verschwinden bringen, ohne daß störende Narben übrigbleiben).

(5) Innere Ausgewogenheit zusammen mit Freude (nicht mit Resignation) bestimmen Ihre psychische Grundsituation. Sorgen bleiben beherrschbar und absorbieren keine Lebensfreude (oder »Lebenskraft«). Ängste, die sich schnell von einer Vorstellung auf die andere verschieben können oder stets um ein Thema kreisen, belästigen Sie nicht und bestimmen erst recht nicht Ihre Entscheidungen.

(6) Sie sind fähig zur Muße. Sie können stundenlang mit sich allein sein. Langeweile ist Ihnen fremd.

(7) Sie haben (physische Gesundheit vorausgesetzt) ein positives Verhältnis zu Ihrem Körper. Sie erleben den eigenen Körper lustvoll (und nicht nur im Vollzug von Sexualität oder beim Sport).

(8) Die Menge der Menschen, mit denen Sie etwas anfangen können, nimmt eher zu (nach Quantität und Qualität).

(9) Psychosomatische Störungen, die eine Folge langanhaltender vegetativer Irritation sind, sind Ihnen fremd. Sie sind nicht abhängig von Genußgiften. Sie sind fähig, ein primitives Leben zu führen.

(10) Sie haben Menschen gern um ihrer selbst willen, ohne etwas von ihnen zu erwarten. Sie können schenken und

sich beschenken lassen (ohne Sorge, daß dadurch Verpflichtungen entstünden), Sie können Zärtlichkeit geben und empfangen, Sie können loben und Lob annehmen (ohne Hintergedanken), Sie können verzeihen und andere um Verzeihung bitten, Sie können helfen und andere um Hilfe bitten.

Erfüllen Sie zunehmend mehr Kriterien eines sich entfaltenden psychischen und sozialen Lebens, können Sie sicher sein, daß Ihr Handeln an Realität orientiert ist oder sich doch zunehmend an Realität orientiert. Sie haben den Sinn Ihres Lebens gefunden, selbst wenn Sie nicht darüber sprechen können. Die Sinnfrage wird sie nicht mehr belästigen, denn Sie führen ein optimal an Realität orientiertes Leben. Das zu ermöglichen, ist die Funktion der Sinnfrage, die unsere Psyche genau zu diesem Zweck zuläßt oder stellt.

Anhang

Schritte zur verbesserten Selbsterkenntnis

Selbsterkenntnis ist kein Zustand, sondern ein lebenslänglicher Prozeß, der eine erhebliche Motivation voraussetzt. Brauchbare Motive, diesen Prozeß in Gang zu setzen und durchzuhalten sind etwa:

● Eine schier unersättliche Neugier, herauszufinden, wer man denn eigentlich sei, die zwar interessante, aber auch anstrengende Expedition in die Dschungel und Steppen des eigenen Selbst zu wagen.

● Ein entwickeltes Verantwortungsgefühl, das aus der Einsicht erwächst, daß ich nur andere Menschen einigermaßen zutreffend wahrnehmen kann, wenn ich zunächst einmal weiß, wer ich bin. Nur eine ausgeprägte Selbsterkenntnis verhindert selektive und projektive Fremderkenntnis. Eine eingeschränkte Fremdwahrnehmung wird mich nicht nur daran hindern, mit anderen Menschen optimal zu interagieren, sondern auch ihnen gerecht zu werden.

● Ein erheblicher Leidensdruck, der aus der Erfahrung eigener Desorientierung (die sich heute meist als Sinnlosigkeitserfahrung deutlich macht) hervorgeht. Ist sich einmal ein Mensch darüber klar geworden, daß ihm keine Religion und keine Ideologie, kein Freund und kein Feind sagen kann, worin der Sinn seines Lebens bestehe, sondern daß nur er allein seinem Leben Sinn geben kann – und es niemals mehr oder anderen Sinn haben wird als den von ihm gegebenen –, wird bald die Frage auftauchen, wer er eigentlich sei, an welcher realen Vorgabe sich Sinn orientieren müsse.

In den meisten Fällen, in denen ich Menschen auf ihrer Expedition nach dem eigenen Selbst ein Stück Wegs begleiten durfte, waren alle drei Motive, wenn auch in zeitlich und persönlich wechselnder Intensität, gegeben.
Im Folgenden will ich ich Ihnen einige Fragen vorlegen, die Sie versuchen sollten, möglichst ehrlich zu beantworten. Es gibt ein Kriterium für eine Antwort, die sich täuscht, das ist Entsprechung mit Ihrem Ich-Ideal. Deshalb ist es durchaus angebracht, daß Sie, nachdem Sie die Fragen eines Testes beantwortet haben, Ihre Antworten mit Ihrem Partner oder einem anderen Menschen Ihres Vertrauens durchsprechen. Dabei ist sehr darauf zu achten, daß die Gesprächsatmosphäre entspannt und akzeptierend (also nicht diskutierend) ist. Solche Gespräche sind nur sinnvoll und hilfreich, wenn sie in Koordinatoin (und nicht in Subordination) geführt werden. Die Vorgabe der Koordination ist nur dann gegeben, wenn prinzipielle Reversibilität vorliegt: d.h. wenn man bereit ist, im Prinzip Ansichten und Meinungen, Stimmungen und Wahrnehmungen, Formulierungen und Deutungen auch gegen sich gelten zu lassen.
Besonders wichtig ist, daß Sie Verhaltensmuster nicht moralisch werten. Dagegen sollten Sie sich durchaus fragen, ob ihr Verhalten biophil ist, ob es von hoher Konfliktfähigkeit zeugt, ob es sozial optimal ist …

1. Test: Über die Inhalte Ihres Überich.

(a) Notieren Sie bitte zehn Normen, die Ihnen besonders werthaft zu sein scheinen und von denen Sie annehmen, daß sie Ihr Handeln bestimmen sollten.

(b) Denken Sie nach, von wem Sie die Normen und ihre Wertbesetzung übernommen haben.

(c) Stellen Sie sich vor, Sie würden eine dieser Normen verletzen. Was für eine Emotion würde sich einstellen?

Ihre Liste könnte dann etwa wie folgt beginnen:

- Man muß Versprechen halten. Quelle: Vater. Emotion: Schuld.
- Man muß höflich sein. Quelle: Mutter. Emotion: Angst.
- Man darf nicht lügen. Quelle: Religionsunterricht. Emotion: Religiöse Angst.
- Man darf nicht unkeusch sein. Quelle: Mutter. Emotion: Scham.

2. Test: Über Ihre wichtigsten Bedürfnisse.

(a) Notieren Sie fünf soziale und narzißtische Bedürfnisse, die in besonderer Weise Ihre Entscheidungen motivieren.

(b) In welchen Situationen werden diese Bedürfnisse besonders deutlich wahrgenommen?

(c) Tauchen diese Bedürfnisse zu häufig auf (sind sie psychisch und/oder sozial störend)?

Ihre Liste könnte etwa wie folgt beginnen:

- Soziale Sicherheit. Mißerfolgssituationen. Ja.
- Emotionale Geborgenheit. Trauer. Nein.
- Anerkennung durch Vorgesetzte. Leistungsstolz. Nein.

3. Test: Über die Verbindung von Bedürfnissen und Emotionen.

(a) Notieren Sie die Emotionen, die Sie überkommen, wenn die im vorigen Test genannten Bedürfnisse nicht befriedigt werden.

(b) Werden Sie von diesen Emotionen so lange und so intensiv beherrscht, daß Sie sich psychisch und/oder sozial dadurch belästigt oder eingeschränkt fühlen?

(c) Versuchen Sie diese Emotionen zu unterdrücken? (Das wäre unteroptimal. Besser wäre es, sie sich austoben zu lassen, ihnen dabei interessiert zuzuschauen und ihnen nicht Ihre Erwachsenenstrategien zur Verfügung zu stellen. Autonome Emotionen sind in Ihrer Kindheit an bestimmte Auslöser gebunden worden und führten zum Einsatz von Strategien, die in Ihrer Kindheit sinnvoll waren – heute aber meist nicht mehr.)

Ihre Liste könnte etwa wie folgt beginnen:

- Angst. Ja. Ja.
- Niedergeschlagenheit, Verzweiflung. Ja. Nein.
- Zorn. Nein. Ja.

4. Test: Über die Wahrnehmung störender Eigenschaften bei sich selbst.

(a) Notieren Sie bitte fünf Eigenschaften, die Sie an sich selbst stören.

(b) Welche Emotion stellt sich ein, wenn Sie an diese Eigenschaft denken?

(c) Stören Sie diese Eigenschaften auch bei anderen sehr?

Ihre Liste könnte etwa wie folgt beginnen:

- Verantwortungsscheu. Ärger. Ja.
- Unwahrhaftigkeit in Prestigefragen. Scham. Ja.
- Überheblichkeit. Scham. Ja.

5. Test: Über Ihre Projektionen.

(a) Welche Eigenschaften anderer stören Sie am meisten?

(b) Welche Emotion stellt sich bei Ihnen ein, wenn Sie diese Eigenschaft bemerken?

(c) Haben Sie geprüft, ob es sich um Eigenschaften handelt, die Sie bei sich selbst nicht zulassen könnten, ohne daß Ihr Selbstwertgefühl heftig verletzt würde? (Sie sollten davon ausgehen, daß Eigenschaften, die Sie bei anderen besonders hassen, verachten, verurteilen, Eigenschaften sind, die auch bei Ihnen angelegt sind, die Sie aber – auf Grund heftiger Überichverbote – sich selbst nicht zugestehen können.)

Ihre Liste könnte etwa wie folgt beginnen:

• Unehrlichkeit. Verachtung. Nein.
• Unverläßlichkeit. Zorn. Nein.
• Homosexualität. Ekel. Nein.

6. Test: Über Ihr Dominanzverhalten.

(a) Welche Menschen (Typ?) unterdrücken Sie? Was ist diesen Menschen gemeinsam?

(b) Welchen Menschen fühlen Sie sich überlegen? Warum?

(c) Neigen Sie dazu, Herrschaft funktional (und nicht personal) auszuüben?

Ihre Liste, die die beiden ersten Fragen mit wenigstens drei Antworten enthalten sollte, könnte so beginnen:

• Anschmiegetyp – Kriechertyp – depressiver Typ – ...
• Dummen – Arroganten - Verlierern ...
• Bei allen genannten Typen: Ja.

7. Test: Noch einmal über Ihr Dominanzverhalten.

(a) Machen Sie häufiger andere Menschen klein?

(b)Versuchen Sie häufiger, anderen Menschen Angst, Schuld-, Scham- oder Mindergefühle beizubringen?
(c) In welchen Situationen neigen Sie zu solchem Verhalten?

Ihre Liste könnte etwa wie folgt beginnen:
- Wenn ich zornig bin, will ich andere klein machen.
- Wenn ich mich unterlegen fühle, will ich anderen Schuldgefühle zufügen.
- Wenn ich mich überlegen fühle, neige ich dazu, anderen ungefragt Rat zu erteilen.

8. Test: Über Ihre Methoden, Aggressionen darzustellen.
(a) Wie drücken Sie Ärger aus?
(b)Wie drücken Sie Zorn aus?
(c) Wie drücken Sie Haß aus?
(d)Wie drücken Sie eigene Niedergeschlagenheit aus?

Ihre Liste könnte etwa wie folgt beginnen:
- Arroganz – Ungeduld – projektives Zuhören – barsches Wesen ...
- Beleidigungen – Kommunikationsabbruch – Lautwerden ...
- Plane, wie dem anderen Schmerz zuzufügen ist – sinne auf Vergeltung ...
- Kommunikationsentzug – Passivität – will bedauert werden ...

9. Test: Wie gehen Sie mit fremden Bedürfnissen um?
(a)Notieren Sie fünf Situationen, in denen Sie Ihre Bedürfnisse gegen die anderer durchgesetzt haben.
(b)Welche Emotion beherrschte Sie während des Durchsetzens? Welche nach dem »Sieg«?
(c) Wie war Ihr Durchsetzungswille motiviert?

Ihre Liste könnte etwa wie folgt beginnen:

- Urlaubspläne. Eifer – Hochstimmung. Ich will recht behalten.
- Keine Pause einlegen. Ungehalten – zufrieden. Ich kann Zeitvergeudung nicht leiden.
- Ein anderer wurde bestraft. Rache – Scham. Rache.

10. Test: Noch einmal über fremde Bedürfnisse.

(a) Erinnern Sie an fünf Situationen, in denen andere ihre Bedürfnisse gegen Sie durchgesetzt haben.

(b) Welche Emotion beherrschte Sie?

(c) Wie reagierten Sie?

Ihre Liste könnte etwa wie folgt beginnen:

- Urlaubspläne. Ärger. Drohungen.
- Eine Pause einlegen. Zorn. Kommunikativer Rückzug (trotzen).
- Ein anderer wurde statt meiner gelobt. Niedergeschlagenheit. Meckern.

11. Test: Über Antipathie.

(a) Nennen Sie wenigstens fünf Personen, mit denen Sie nicht zusammensein möchten.

(b) Welchen Grund vermuten Sie für Ihre Abneigung? (Objektiv ist der Grund Ihrer Abneigung stets die Sicherung der eigenen narzißtischen Homöostase. Da dieser Grund nicht bewußt wird, werden Sie sicherlich Pseudogründe finden, um ihn zu maskieren.)

(c) Was tun Sie, wenn Sie mit einem Menschen zusammen sind, den Sie nicht leiden können?

Ihre Liste könnte etwa wie folgt beginnen:

- Mein Chef. Seine Unfähigkeit, fremde Leistung anzuerkennen. Fasse mich kurz.

- Ein Kollege. Sein Ehrgeiz. Gehe ihm aus dem Wege.
- Ein Nachbar. Seine Rücksichtslosigkeit. Kommunikationsabbruch.

12. Test: Noch einmal über Antipathie.
(a) Notieren Sie wenigstens fünf Menschen, denen Sie unsympathisch sind.
(b) Welche Ihrer Eigenschaften ist wohl der Grund dafür?
(c) Wie reagieren Sie auf diese Menschen?

Ihre Liste könnte etwa wie folgt beginnen:
- Mein Chef. Ich bin ihm überlegen. Ich zeige ihm, wenn möglich, meine Überlegenheit.
- Ein Kollege. Mein Erfolg. Ich demonstriere ihm seine Unterlegenheit.
- Ein Freund meines Partners. Meine Großzügigkeit. Souverän.

13. Test: Über Sympathie.
(a) Notieren Sie fünf Menschen, die Ihnen besonders sympathisch sind, ohne Ihrer Familie anzugehören.
(b) Warum sind Ihnen diese Menschen sympathisch?
(c) Wie verhalten Sie sich ihnen gegenüber?

Ihre Liste könnte etwa wie folgt beginnen:
- Mein Chef. – Er vermittelt mir soziale Sicherheit. – Ich versuche, ihm zu gefallen.
- Eine Mitarbeiterin. – Sie spricht mich sexuell an. – Ich versuche, in ihrer Nähe zu sein.
- Ein Freund. – Er versteht mich. – Ich suche seine Nähe.

14. Test: Über Ängste.
(a) Welche Vorstellung bereitet mir Angst?
(b) Was ist der Grund meiner Angst?
(c) Wie reagiere ich auf meine Angst?

Ihre Liste könnte wie folgt beginnen:
- Die Vorstellung, schwer krank zu sein. – Hypochondrie. – Nichts.
- Ich könnte in Armut leben müssen. – Gewöhnung an etwas Luxus. – Ich versuche, mich zu versichern.
- Die Vorstellung, ein Atomkrieg könnte ausbrechen. – Angst vor Tod, Elend, Siechtum. – Nichts.

15. Test: Über Hoffnungen.
(a) Was möchte ich sein oder werden?
(b) Ist meine Hoffnung realistisch?
(c) Was tue ich, damit sie eintrifft?

Die Liste Ihrer Antworten könnte wie folgt beginnen:
- Glücklich – Weiß nicht – Nichts.
- Erfolgreich im Beruf – Ja – Bemühe mich um Anerkennung.
- Gute Partnerschaft – Weiß nicht – Wenig.

16. Test: Über die Angst, nicht akzeptiert zu werden.
(a) Nennen Sie wenigstens drei Situationen, in denen Sie Angst hatten, nicht akzeptiert zu werden.
(b) Was waren die Gründe für die Angst (waren es frühkindliche Erfahrungen?)?
(c) Versuchen Sie sich eine Umwelt zu schaffen, in der Sie akzeptiert werden? Vermeiden Sie Umwelten, in denen Sie möglicherweise nicht akzeptiert werden?
(d) Auf was sind Sie bereit zu verzichten, um eine Umwelt zu sichern, in der Sie akzeptiert werden?

Ihre Liste könnte etwa wie folgt beginnen:
- Zu Beginn meiner neuen Arbeit. – Ich tue mir schwer, gleich Freunde zu finden. – Ja. – Berufliche Karriere.
- Zu Beginn meiner Partnerschaft. – Ich fand mich nicht

sehr liebenswert. – Ja. – Verzicht auf soziale Bindungen, die mein Partner nicht gutheißt.
- Bei einer Rede, die ich halten mußte. – Redeangst. – Ja. – Ich vermeide Veranstaltungen, in denen ich öffentlich auftreten muß.

17. Test: Über Strafen. (Beim Auswerten dieses Testes sollten Sie daran denken, daß Strafen niemals Verhalten ändern, sondern nur blockieren und es so der Veränderbarkeit entziehen.)
(a) Wann versuche ich, andere Menschen zu bestrafen?
(b) Wie versuche ich, andere Menschen zu bestrafen?
(c) Warum versuche ich, andere Menschen zu bestrafen?

Ihre Antwortliste könnte etwa so beginnen:
- Wenn sie mir Unrecht tun. – Ich breche die Kommunikation ab. – Um meinen Selbstwert zu stabilisieren.
- Wenn sie mir überlegen sind. – Ich versuche, Ihnen Schuldgefühle zu machen. – Um mich nicht unterlegen fühlen zu müssen.
- Wenn Sie Unrecht tun. – Ich tadele oder belehre sie. – Weil mich die Verletzung meiner Werteordnung verunsichert.

18. Test: Noch einmal über Strafen.
(a) Wann wurde ich empfindlich von wem bestraft?
(b) Warum wurde ich bestraft?
(c) Wie reagierte ich auf die Strafe?

Ihre Antwortliste könnte so beginnen:
- Von meinem Vater für ein schlechtes Zeugnis. – Mit Zuwendungsentzug. – Wut und Niedergeschlagenheit.
- Von meinem Partner für eine kränkende Bemerkung. – Schuldzuweisung. – Kommunikationsabbruch.

● Von meinem Chef wegen Unpünktlichkeit. – Tadel. –
  Wut.

19. Test: Über Reaktionen auf fremde Emotionen.
(a) Auf welche emotionalen Äußerungen von wem reagie-
    re ich verunsichert, ärgerlich, aggressiv, schuldbe-
    wußt, mitleidend, helfenwollend, peinlich berührt.
(b) Warum reagiere ich so?
(c) Bemühe ich mich, die emotionale Reaktion des ande-
    ren zu verstehen?

Ihre Antwortliste könnte etwa so beginnen:
● Auf Tränen meines Partners reagiere ich mit Schuldge-
  fühlen. – Ich bin so erzogen worden: Wenn meine
  Mutter weinte, war ich schuldig. – Nein.
● Auf den Zorn meines Freundes reagiere ich betroffen. –
  Ich habe Angst, ihn zu verlieren. – Ja.
● Auf die Heiterkeitsausbrüche von Herrn Kohl reagiere
  ich peinlich berührt. – Ich bin der Auffassung, daß das
  nicht mit Würde verträglich sind. – Nein.

20. Test: Über die Annahme von Kritik.
In jeder Kritik gibt es beim Sender wie beim Empfänger
unvermeidlich emotionale Anteile. Oft empfiehlt es sich,
sie ausdrücklich zu machen. Oft ist es besser, über Emotionen zu sprechen, als sie auszuagieren.
(a) Benennen Sie wenigstens drei Situationen, in denen Sie
    kritisiert wurden.
(b) Wie wurden Sie kritisiert?
(c) Wie reagierten Sie auf die Kritik?

Ihre Antwortliste könnte wie folgt beginnen:
● Ich hatte einen Auftrag vergessen. – Mit heftigem Tadel. – Schuldbewußt.

- Ich hatte eine Aufgabe unteroptimal gelöst. – Mit drastischem Aufweis des Fehlers. – Abwehrend, indem ich den Fehler zugab und ihn noch etwas schlimmer machte.
- Ich hatte eine falsche Strategie eingesetzt. – Tadel. – Abwehr durch Verweis auf die mangelnde Kompetenz des Tadelnden.

Wie gehen Sie optimal mit den Testergebnissen um?

(1) Versuchen Sie sie – wie schon gesagt – zu objektivieren, indem Sie sie mit einem anderen Menschen besprechen.

(2) Vermeiden Sie – wie ebenfalls schon erwähnt – jede moralische Bewertung. Ihr Verhalten ist nicht an erster Stelle eine Frage der Moral, sondern der Nützlichkeit, der Angemessenheit, der Situationsoptimierung ...

(3) Bedenken Sie zu jedem Punkt, ob Ihre Aktionen und Reaktionen optimal waren. Sind sie vor allem vor dem Anspruch der Konfliktfähigkeit unteroptimal, versuchen Sie bitte, andere Verhaltensmuster einzuüben.

(4) Seien Sie sich bewußt, daß gestörte soziale Felder verändert werden können, indem

- Sie sich selbst ändern,
- sich der andere Mensch ändert,
- sich die Beziehung zwischen Ihnen und dem anderen Menschen ändert. Nicht selten verhalten sich Menschen an sich genommen durchaus richtig, doch ist die Beziehung zwischen ihnen gestört, so daß der erwünschte Erfolg ausbleibt. Es ist dann wenig damit getan, wenn Sie Ihr Verhalten ändern. Zuerst muß die Beziehung in Ordnung gebracht werden (also eindeutig bestimmt werden, Mißverständnisse müssen behoben, Handlungsmotive erläutert werden ...).

(5) Seien Sie sich darüber im klaren, daß viele Konflikte nur lösbar werden, wenn alle Konfliktpartner den Konflikt (oder seine scheinbare Unlösbarkeit) als gemeinsamen Gegner sehen. Alle Beteiligten müssen sich bewußt werden, daß sie nur gemeinsam siegen oder verlieren können. Und sie haben nur dann gesiegt, wenn der Konflikt behoben wurde. Solange Sie noch über Menschen siegen wollen und nicht über Probleme, ist Ihre Konfliktfähigkeit nicht sonderlich reif entwickelt.

(6) Gehen Sie die vorgestellte Testliste gelegentlich durch und ergänzen oder korrigieren Sie sie. Es ist sehr zu empfehlen, jeden Monat eine feste Stunde einzuplanen, in der Sie die Testergebnisse immer wieder neu überprüfen und auf Einstellungs- oder Handlungskonsequenzen hin bedenken.

Erklärung einiger Fachbegriffe

Biophilie bezeichnet eine Einstellung, die in der Erhaltung und Entfaltung des physischen, psychischen, sozialen, emotionalen, kulturellen, intellektuellen ... Lebens den höchsten Wert sieht. Es sind erste Grundzüge einer Ethik auf der Basis des Biophilie-Postulats entwickelt worden. Solche Ethiken dürften den Vorteil haben, sich optimal an der biologischen Ausstattung der Menschen zu orientieren und zugleich seiner humanen Würde gerecht zu werden. Vorläufer einer biophilen Ethik sind im Hinduismus entfaltet worden. (Gegenbegriff: Nekrophilie)

Definition bezeichnet »Ausgrenzung«. Etwas wird definiert, indem man seine Grenzen gegen anderes festlegt. So kann ein Begriff definiert werden, indem man die Menge der Gegenstände ausmacht, die er bezeichnet und sie so gegen alle anderen Gegenstände abgrenzt (Verbaldefinition). So kann man aber auch das eigene Selbst nach Inhalt und Umfang bestimmen, indem man ausmacht, welche Eigenschaften, Merkmale, Dispositionen, Bedürfnisse, Werte ... zu ihm gehören, es ausmachen, und es so von »Objekten«, das ist die Menge aller der Gegenstände und Sachverhalte, die nicht zum Selbst gehören, abgrenzen (Realdefinition). Das psychische Schicksal eines Menschen hängt weitgehend von dieser Grenzziehung ab. Oberstes Ziel der narzißtischen Homöostase (s.d.) ist die Sicherung des Selbst. Es gilt zu vermeiden, daß das Selbst gegenüber den Objekten instabil wird. Es gilt, den Zerfall der Definition des Selbst und den damit verbundenen psychischen Untergang (den Selbstverlust) zu verhindern. Auf der anderen Seite soll die Grenze zwischen Selbstwelt und Objektwelt so offen sein, daß ein ständiger »Dialog« zwischen beiden Welten stattfindet, der allein eine zureichende Anpassung der Selbstwelt an die Objektwelt sichert – und damit eine optimale Realitätsdichte der Selbstwelt.

Es bezeichnet die psychische Instanz, die ein Mensch von Geburt aus mitbringt. Das Es ist so angelegt, daß es zu Handlungen motiviert, die das Überleben des Kindes sichern. Alles, was dem Kind psychisch, physisch, sozial schadet oder schaden könnte, bereitet Unlust, das, was sein physisches, psychisches, soziales ... Leben sichert und entfalten hilft, Lust. Das Vermeiden von Unlust und das Suchen nach Lust steht also ganz im Dienst der Lebenserhaltung und -entfaltung (vgl. »Lustprinzip«). Das Es »treibt« das Kind zu Handlungen an, die der Lebenssicherung dienen. Man spricht deshalb auch davon, daß das

Es der psychische Grund der Triebe ist. Die wichtigsten (und möglicherweise einzigen) Triebe sind die erotischen und aggressiven. Es handelt sich dabei um Nähe- und Distanztriebe, die sicherstellen, daß das Kind, obzwar eingebunden und geborgen in einer sozialen Welt, dennoch in der Lage ist, im ständigen Spiel zwischen Nähe und Distanz, seine eigene Persönlichkeit zu entfalten (sein Selbst zu definieren).

Homöostase, narzißtische bezeichnet das psychische Gleichgewicht in der Begegnung und im Austausch mit der Welt der Objekte. Alle psychischen Prozesse, vor allem aber die Kompromißbildung (s.d.), haben den Zweck, die narzißtische Homöostase zu sichern. Narzißtisch nennt man dieses Bemühen um psychisches Gleichgewicht, weil es der Erhaltung des Selbst dient und diese auch gegen Fremdinteressen durchsetzt. Das Sozialverhalten eines Menschen steht also auch im »höheren« Dienst der Sicherung des narzißtischen Gleichgewichts. In der Regel werden nur solche Inhalte (Bedürfnisse, Vorstellungen, Gedanken, Erklärungen, Wollungen, Wünsche, Emotionen, Bilder Erinnerungen, Träume, Phantasien, Erkenntnisse ...) zum Bewußtsein zugelassen, die die narzißtische Homöostase stabilisieren oder doch nicht destabilisieren. Ist eine Begegnung mit der Objektwelt so, daß es zu einer Labilisierung des narzißtischen Gleichgewichts kommt (Kritik, Mißerfolg, Erniedrigung, Schuldzuweisungen ...), spricht man von psychischen Verletzungen (Traumatisierung). Es kommt nun darauf an, über welche Techniken die Psyche verfügt, das Gleichgewicht wieder herzustellen. Oft wird die narzißtische Kränkung nur abgewehrt und nicht aufgearbeitet. Das kann zur Folge haben, daß ein Mensch versucht, die psychische Wunde durch die Ausbildung neurotischer oder psychotischer Symptome zu heilen, um so das narzißtische Gleichgewicht wieder herzustellen.

Ich bezeichnet jene psychische Instanz, die zunächst im Dienste des Es ausgebildet wird, um Unlustvermeidung und Lustgewinn (vgl. »Lustprinzip«) unter konkreten psychischen und sozialen Bedingungen zu sichern. Die Ausbildung des Ich hängt also von dem Triebschicksal eines Menschen ab, d.h. von der Art und Weise, wie unter konkreten sozialen Bedingungen ein Mensch die Triebe seines Es erfolgreich (lebensfördernd) einsetzen konnte. Aus den Trieben entwickeln sich unter dem Einfluß des sozialen Umfeldes soziale, erotische, aggressive, narzißtische Bedürfnisse und Emotionen. Und zwar werden genau die entfaltet, die von der Mitwelt zurückgespiegelt werden (d.h. effektiv Lust mehren und Unlust mindern). Im späteren Verlauf der Ich-Entwicklung tritt das Ich in den Dienst der lebenserhaltenden Konfliktfähigkeit eines Menschen. Es vermittelt zwischen den Ansprüchen des Es, des Überich (s.d.) und der sozialen Umwelt mit dem Ziel, psychische und soziale Konflikte konstruktiv aufzulösen (=zum Verschwinden zu bringen). Eine dritte wichtige Funktion des Ich besteht in der Abwehr alles dessen, was das psychische Gleichgewicht erheblich stören könnte. Zu diesem Zweck kann es alle seine Fähigkeiten (Denken, Kritik, Wollen, Erklären, Verstehen, Bedürfnis- und Emotionsbildung ...) einsetzen. Es bildet aber auch ein feststehendes Repertoire von Mechanismen aus, um Labilisierendes abzuwehren (etwa Verdrängen, Projizieren, Verleugnen ...).

Kompromißbildung, psychische bezeichnet eine Aktivität des Ich, mit dem Ziel, die narzißtische Homöostase und den Bestand des Selbst zu sichern. Alles, was ein Mensch tut, denkt, will, erklärt, hofft, wünscht, versteht, erkennt, glaubt, liebt, haßt, fürchtet, abwehrt, verteidigt, alles, was einem Menschen bewußt wird, ist Folge einer Kompromißbildung. Die Kompromißbildung geschieht immer unter konkreten psychischen und sozialen Bedingungen. Diese bestimmen, ob eine Kompromißbildung realitätsdicht oder realitätsfern geschieht. Im Falle einer realitätsfernen Kompromißbildung kann eine Korrektur nötig werden. Das Ziel einer psychoanalytischen Behandlung ist der Aufbau einer realitätsdichteren Kompromißbildung. Ob diese gelingt, ist an objektiven Kriterien auszumachen: Der Patient wird lebensfähiger (er kann sein psychisches, soziales, emotionales, intellektuelles ... Leben unter konkreten sozialen Bedingungen besser entfalten).

Kontraproduktiv ist eine Einstellung, eine Entscheidung, eine Handlung ... genau dann, wenn sie nicht zu einer sinnvollen Umgestaltung von Wirklichkeit (hin auf größere Realitätsdichte) oder von Realität (hin auf mehr Biophilie) führt. Oft führt konvergentes Denken, d.h. ein Denken, dessen Ergebnis eine hohe Auftretenswahrscheinlichkeit hat, zu kontraproduktiven Einstellungen, Entscheidungen, Handlungen, da es nichts verändert. (Gegenbegriff: »produktiv«)

Lustprinzip meint das Prinzip, nach dem das Es Verhalten einrichtet. Es kommt ihm darauf an, Lust zu gewinnen und Unlust zu vermeiden. Zu diesem Zweck entwickelt es (1) weitere psychische Strukturen (Ich und Überich) und (2) Triebe, von denen her alle anderen psychischen Strukturen ihre »Energie« (im Sinne des griech. »energeia«) beziehen. Das Lustprinzip wird scheinbar nur durchbrochen vom Wiederholungszwang (s.d.), der auch dann zu

Handlungen führt, wenn sie nicht im Dienste des Lustgewinns und/oder der Unlustvermeidung stehen. Das Lustprinzip fordert nicht einen möglichst schnellen Lustgewinn. Optimaler Lustgewinn ist gelegentlich nur nach einiger Verzögerung möglich. Das Lustprinzip steht ganz im Dienste der Lebenssicherung, vor allem der Stabilisierung der narzißtischen Homöostase (s.d.) und der Sicherung der Selbstdefinition.

Nekrophilie meint die Eigenschaft von Handlungen, Einstellungen, Entscheidungen, die sich gegen die Biophilie (s.d.) richten. Nekrophilie wendet sich gegen die Erhaltung und Entfaltung von Leben. Nekrophilie dürfte stets die Folge einer unteroptimalen Kompromißbildung sein. Die Vermutung Freuds, es gäbe einen genuinen (nicht durch Kompromißbildung zustande gekommenen) Todestrieb, hat sich nicht zureichend belegen lassen. (Gegenbegriff: »Biophilie«)

Neurose meint eine Form der psychischen Kompromißbildung (s.d.), die, in unteroptimaler Verarbeitung eines meist erheblichen Konflikts und der daraus erfolgenden Traumatisierung, Verfassungsanomalien oder konfliktträchtige Einstellungen zur sozialen Umwelt als Institution festgemacht hat. Der Konflikt zwischen Bedürfnis, Antrieb, Gewissen ... wird zu einem Institut der Kompromißbildung selbst. Solche leidvollen Kompromißbildungen werden nur gewählt, um noch ärgere Folgen der Traumatisierung zu vermeiden oder weil andere Strategien nicht zur Verfügung stehen. Jede Neurose betrifft einerseits den Charakter (d.h. die Interaktionsfähigkeit eines Menschen) und führt andererseits zu Ausprägung von Symptomen (habituellen Ängsten oder Schuldgefühlen, habitueller Niedergeschlagenheit, habituellen

Zwangsvorstellungen, -handlungen, -gedanken, -bildern, Übersetzungen psychischer Konflikte in körperliche Symptome ...). Je nach dem Überwiegen der Charakterstörung oder der Symptome spricht man von Charakter- oder Symptomneurosen. Läßt die Selbstdefinition einen fruchtbaren Dialog zwischen Selbstwelt und Objektwelt zu, kann es zu einer Selbstheilung der Psyche kommen. Andernfalls sollte bei erheblichem Leidensdruck fremde Hilfe in Anspruch genommen werden.

Produktiv sind Einstellungen, Entscheidungen, Handlungen, wenn sie zu einer größeren Realitätsdichte der Wirklichkeit und/oder einem höheren Biophilie-Grad der zur menschlichen Disposition stehenden Realität führen. Produktiv ist vor allem ein kreatives (also schöpferisch gegen Regeln) und ein divergierendes (d.h. mit geringer Voraussagbarkeit des Ergebnisses) organisiertes Denken, das diesen Kriterien genügt. (Gegenbegriff: »kontraproduktiv«)

Psychose bezeichnet eine Form der Kompromißbildung, die – ähnlich der Neurose – einen unauflösbaren Konflikt, der auf eine frühe traumatische Erfahrung zurückgeht, miteinbaut. Im Gegensatz zur Neurose führt das zu schweren Fehleinschätzungen der Realität. Der Aufbau der Wirklichkeit geschieht unter erheblichem Realitätsverlust, so daß sinnvolle Interaktionen mit Realität nur sehr begrenzt möglich sind. Das führt zu einem Rückzug aus der realen kosmischen und sozialen Welt, der zu verschiedenen Symptomen führen kann (etwa Depressionen, Wahnvorstellungen, Halluzinationen, affektiven Fehlreaktionen). Die Realitätsablösung ist so erheblich, daß das psychotische Verhalten anderen unverständlich ist (im Gegensatz zu dem in neurotischen Symptomen dargestellten Verhalten). Gelegentliche psychotische Reaktionen verweisen nicht notwendig auf eine psychotische Kompromißbildung und somit auch nicht auf eine Psychose.

Realität bezeichnet das durch die Menge aller möglichen wahren Aussagen Bezeichnete. Wahr ist eine Aussage genau dann, wenn sie einen Sachverhalt bezeichnet, wie er an sich ist. Die Frage, ob es eine »sprachtranszendente Realität« gibt, sei nicht entschieden. Sie interessiert uns hier nicht.

Repräsentanz meint eine emotional besetzte Vorstellung eines Gegenstandes oder Sachverhalts. Das Repräsentierte steht in der Psyche für etwas Reales oder etwas für real Gehaltenes. »Objekte« der Psyche sind also solche Repräsentanzen und nicht etwa Gegenstände oder Sachverhalte »an sich«. So ist etwa die Repräsentanz der Mutter (das Mutterobjekt) für die psychische Entwicklung eines Menschen erheblich. Die reale Mutter aber nur, insofern sie Grund für die Bildung einer bestimmten Repräsentanz ist. Man unterscheidet zwischen Selbst- und Objektrepräsentanzen, je nachdem ob eine Repräsentanz kraft der Selbstdefinition (vgl. »Definition«) zur Selbstwelt oder zur Objektwelt gezählt wird.

Teleologie meint die Eigenschaft einer Theorie, die davon ausgeht, daß sich Dinge, Lebewesen, psychische oder soziale Abläufe auf ein bestimmtes (und oft auch bestimmbares) Ziel hin verändern. So scheint eine teleologische Theorie der biologischen Entwicklung eines Lebewesens gut begründet zu sein. Ob aber die Evolution von Arten (oder gar des Lebendigen), die des Bewußtseins oder die von Gesellschaften teleologisch verläuft, ist sehr umstritten. Darwin entwickelte eine ateleologische Evolutionstheorie des Lebendigen, Teilhard de Chardin eine teleologische Theorie der Evolution des Kosmos. Naturwissenschaftlich gut bestätigt ist jedoch nur die Annahme, daß die Natur viele ihrer Probleme durch die Ausbildung immer komplexerer Strukturen löst. Von hierher kann man eine teleologische Entwicklung entlang einer Achse steigender Komplexität annehmen. Teleologische Annahmen, die darüber hinausgehen, scheinen spekulativer Art zu sein.

Überich bezeichnet eine psychische Struktur, die die gebietende und verbietende (und so Sozialverträglichkeit von Verhalten sichernde) soziale Umwelt in die Psyche einbringt. So kann sich ein Mensch sozialgerecht verhalten, ohne daß etwa die Eltern die Sozialverträglichkeit des Verhaltens ausdrücklich sichern würden. Das Überich steht im Dienste der Entfaltung des sozialen Lebens, weil es erlaubt, daß ein Mensch sich neue soziale Räume erschließt, in denen er sich entfalten kann. Das Überich hat den Nachteil, daß es (1) die Sozialfähigkeit eines Kindes zureichend reguliert, nicht etwa die einer Erwachsenen und (2) Ungehorsam mit Angst, Schuld, Scham oder Mindergefühlen bestraft. Beides kann zu einer Minderung der Konfliktfähigkeit führen, wenn beide Mängel nicht durch die Tätigkeit des Ich kompensiert werden.

Wiederholungszwang bezeichnet die Folge einer mißlungenen Konfliktverarbeitung, die darin besteht, daß die unaufgelöste konflikthafte Situation immer wieder unbewußt reproduziert wird. Wiederholungszwänge scheinen zunächst dem Lustprinzip zu widersprechen, da unauflösbare Konfliktsituationen Unlust bereiten. Man kann jedoch davon ausgehen, daß eine Kompromißbildung, die Wiederholungszwänge mitaufnimmt, der Lebenserhaltung, der Selbststabilisierung dient. Obschon der Wiederholungszwang im Es wurzelt, scheint er eine Abwehrleistung des Ich zu sein.

Wirklichkeit bezeichnet die (meist konsistente) Menge der Sachverhalte, von deren realem Bestehen ein Mensch überzeugt ist. Einstellungen, Entscheidungen, Handlungen erfolgen nach Maßgabe der Wirklichkeit. Sie ist das, was Handeln bewirkt. Die Wirklichkeit ist Folge und Ausdruck der psychischen Kompromißbildung. Diese gibt einen Rahmen für die Bildung von Wirklichkeit vor. Wirklichkeit kann leicht durch Fremdbeeinflussung (innerhalb dieses Rahmens) gebildet werden, wenn es dem Beeinflussenden gelingt, seine Meinung so einsichtig zu machen, daß ein vernünftiger Zweifel ausgeschlossen erscheint. Da die Wirklichkeit Teil der Kompromißbildung ist, ist sie der Kritik nur beschränkt zugänglich. Die meisten Menschen stellen vor allem Vorurteile in den Dienst der Wirklichkeitssicherung. Damit wird Wirklichkeit gegen Kritik oder Gegenerfahrungen weitgehend immunisiert. Daß Wirklichkeit an sich nichts mit Realität (s.d.) zu tun hat, ist offensichtlich. Sie kann sehr realitätsfern organisiert werden – bis hin zur Ausbildung individueller oder kollektiver Wahnvorstellungen. Die Fähigkeit, zwischen Realität und Wirklichkeit zu unterscheiden, ist elementare Voraussetzung jeden rationalen Handelns, jeder rationalen Orientierung.

Nachwort

Beim Schreiben dieses Buches wurde mir von Seite zu Seite deutlicher bewußt, daß ich in vielen meiner Bücher mittelbar um das Thema dieses Buches gekreist bin. Diese Bücher behandelten Teilaspekte, die hier nur angedeutet werden konnten. Das gilt vor allem für folgende Titel:

(1) *Krisen und Konflikte.* Hier wird eine allgemeine Theorie psychischer und sozialer Krisen und Konflikte vorgestellt, die vor allem eine zur Lösung notwendige Erkenntnis der Konfliktgründe erlaubt.

(2) *Ethik für Wirtschaft und Politik.* Hier wird eine Ethik grundgelegt, die, unabhängig von ideologischen Vorgaben, eine sittlich verantwortete Orientierung nicht nur im Bereich des Politischen und Ökonomischen ermöglichen soll.

(3) *Bild des Menschen.* Hier wird eine Einführung in die psychoanalytische Theorie gegeben, mit dem Ziel, sie in Lebenssituationen praktisch machen zu können.

(4) *Meditationstechniken für Manager.* Hier wird an zahlreichen Mustern in die Kunst des Meditierens eingeführt.

(5) *Dialektik für Manager*. Hier wird eine Einführung in die moderne Kommunikationstheorie vor dem Hintergrund von Überzeugungsprozessen vorgestellt und an zahlreichen Beispielen praktisch gemacht.

(6) *Credo*. Hier wird der Versuch gewagt, die Brauchbarkeit des Christentums (unabhängig von seinen kirchlichen Ausdrucksformen) vor dem Anspruch der Sinnproblematik zu prüfen.

(7) *Manipulation durch die Sprache*. Hier wird versucht, die Problematik (Möglichkeiten und Grenzen) der Beeinflußbarkeit von Menschen durch das Wort aufzuzeigen, um Strategien zu entwickeln, unerwünschte Formen der Beeinflussung zu vermeiden.

(8) *Führen durch das Wort*. Hier wird die Verantwortung vor Sprache und vor Menschen in Führungssituationen aufgezeigt, deren unteroptimale soziale Gestaltung nicht selten für eine Sinnkrise verantwortlich ist.

Alle diese Titel sind im Wirtschaftsverlag Langen-Müller/Herbig in München erschienen. Möchten Sie die in diesem Buch vorgestellten Gedanken in der einen oder anderen Richtung vertiefen, sei auf diese Bücher verwiesen.

Notizen

Notizen

Rupert Lay
Die Macht der Wörter

Sprachsystematik für Manager

Wirtschaftsverlag Langen-Müller / Herbig

234 Seiten

Wirtschaftsverlag Langen Müller/Herbig